LA JEUNESSE

PARIS. — TYP. SIMON RAÇON ET Cᵉ, RUE D'ERFURTH, 1.

A. DE LAMARTINE

LA

JEUNESSE

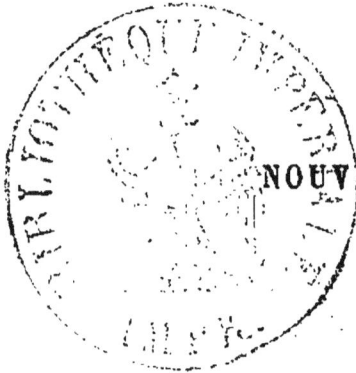

NOUVELLE ÉDITION

PARIS

A LA LIBRAIRIE NOUVELLE

13, BOULEVARD DES ITALIENS

1853

LA

JEUNESSE

CHAPITRE PREMIER

—ᴡᴡ҉ᴡᴡ—

I

Représentez-vous un oiseau doux, mais libre et sauvage, en possession du nid, des forêts, du ciel, en rapport avec toutes les voluptés de la nature, de l'espace et de la liberté, pris tout à coup au piége de fer de l'oiseleur, et forcé de replier ses ailes et de déchirer ses pattes dans les barreaux de la cage étroite où on vient de l'enfermer avec d'autres oiseaux de races différentes, et dont le plumage et les cris discordants lui sont inconnus : vous aurez une idée imparfaite encore de ce que j'éprouvai pendant les premiers mois de ma captivité.

L'éducation maternelle m'avait fait une âme toute d'expansion, de sincérité et d'amour. Je ne savais pas ce que c'était que craindre, je ne savais qu'aimer. Je ne connaissais que la douce et naturelle persuasion qui découlait pour moi des lèvres, des yeux, des moindres gestes de ma mère. Elle n'était pas mon maître, elle était plus : elle était ma volonté. Ce régime sain de la maison paternelle, où la seule loi était de s'aimer, où la seule crainte était de déplaire, où la seule punition était un front attristé, avait fait de moi un enfant très-développé pour tout ce qui était sentiment, très-impressionnable aux moindres rudesses, aux moindres froissements de cœur. Je tombais de ce nid rembourré de duvet, et tout chaud de la tendresse d'une incomparable famille, sur la terre froide et dure d'une école tumultueuse, peuplée de deux cents enfants inconnus, railleurs, méchants, vicieux, gouvernés par des maîtres brusques, violents et intéressés, dont le langage mielleux, mais fade, ne déguisa pas un seul jour à mes yeux l'indifférence.

Je les pris en horreur. Je vis en eux des geôliers. Je passais les heures de récréation à regarder, seul et triste, à travers les barreaux d'une longue grille qui fermait la cour, le ciel et la cime boisée des montagnes du Beaujolais, et à soupirer après les images de bonheur et de liberté que j'y avais laissées. Les jeux de mes camarades

m'attristaient; leur physionomie même me repoussait. Tout respirait un air de malice, de four-
berie et de corruption qui soulevait mon cœur.
L'impression fut si vive et si triste, que les idées
de suicide, dont je n'avais jamais entendu parler,
m'assaillirent avec force. Je me souviens d'avoir
passé des jours et des nuits à chercher par quel
moyen je pourrais m'arracher une vie que je ne
pouvais pas supporter. Cet état de mon âme ne
cessa pas un seul moment tout le temps que je
restai dans cette maison.

II

Après quelques mois de ce supplice, je résolus
de m'échapper. Je calculai longtemps et habilement mes moyens d'évasion. Enfin, à l'heure où
la porte d'un parloir s'ouvrait pour les parents qui
venaient visiter leurs enfants, j'eus soin de me
tenir dans ce parloir. Je fis semblant d'avoir jeté
la balle avec laquelle je jouais dans la rue. Je me
précipitai dehors comme pour la rattraper. Je refermai violemment la porte, et je m'élançai à
toutes jambes à travers les petites ruelles bordées
de murs et de jardins qui sillonnaient le faubourg
de la Croix-Rousse, à Lyon. Je parvins bientôt à
faire perdre mes traces au gardien qui me pour-
suivait, et, quand j'eus gagné les bois qui cou-
vraient les collines de la Saône, entre Neuville et
Lyon, je ralentis le pas et je m'assis au pied d'un
arbre pour reprendre haleine et réfléchir.

Je n'avais pour toute ressource que trois francs en petite monnaie dans ma poche. Je savais bien que je serais mal reçu par mon père; mais je me disais : « Ma fuite aura toujours cela de bon qu'on « ne pourra pas me renvoyer dans le même col- « lége. » Et puis, je ne comptais pas me présen- ter à mon père. Mon plan consistait à aller à Milly, demander asile à un de ces braves paysans dont j'étais si connu et si aimé, soit même à la loge du gros chien de garde de la cour de la maison, où j'avais si souvent passé des heures avec lui couché sur la paille ; de là, j'aurais fait prévenir ma mère que j'étais arrivé; elle aurait adouci mon père; on m'aurait reçu et pardonné, et j'aurais repris ma douce vie auprès d'eux.

Il n'en fut point ainsi. M'étant remis en mar- che, et étant arrivé dans une petite ville à six lieues de Lyon, j'entrai dans une auberge et je demandai à dîner. Mais à peine étais-je assis de- vant l'omelette et le fromage qu'une bonne femme m'avait préparés, que la porte s'ouvrit et que je vis entrer le directeur de la maison d'éducation, escorté d'un gendarme. On me reprit, on me lia les mains, on me ramena à travers la honte que me donnait la curiosité des villageois. On m'en- ferma seul dans une espèce de cachot. J'y passai deux mois sans communication avec qui que ce fût, excepté pourtant avec le directeur, qui me demanda en vain un acte de repentir. Lassé à la fin de ma fermeté, on me renvoya à mes parents. Je fus mal reçu de toute la famille, excepté de ma pauvre mère. Elle obtint qu'on ne me renverrait plus à Lyon. Un collége dirigé par les jésuites (c'était à Belley, sur la frontière de Savoie) était alors en grande renommée, non-seument en France, mais encore en Italie, en Allemagne et en Suisse. Ma mère m'y conduisit.

III

En y entrant, je sentis en peu de jours la différence prodigieuse qu'il y a entre une éducation vénale rendue à de malheureux enfants, pour l'amour de l'or, par des industriels enseignants, et une éducation donnée au nom de Dieu et inspirée par un religieux dévouement dont le ciel seul est la récompense. Je ne retrouvai pas là ma mère, mais j'y retrouvai Dieu, la pureté, la prière, la charité, une douce et paternelle surveillance, le ton bienveillant de la famille, des enfants aimés et aimants, aux physionomies heureuses. J'étais aigri et endurci; je me laissai attendrir et séduire. Je me pliai de moi-même à un joug que d'excellents maîtres savaient rendre doux et léger. Tout leur art consistait à nous intéresser nous-mêmes aux succès de la maison et à nous conduire par notre propre volonté et par notre propre enthousiasme. Un esprit divin semblait animer du même souffle les maîtres et les disciples. Toutes nos âmes avaient retrouvé leurs ailes et volaient d'un élan naturel vers le bien et vers le beau. Les plus rebelles eux-mêmes étaient soulevés et entraînés

dans le mouvement général. C'est là que j'ai vu
ce que l'on pouvait faire des hommes, non en les
contraignant, mais en les inspirant. Le sentiment
religieux qui animait nos maîtres nous animait
tous. Ils avaient l'art de rendre ce sentiment aimable et sensible et de créer en nous la passion
de Dieu. Avec un tel levier placé dans nos propres cœurs, ils soulevaient tout. Quant à eux, ils
ne faisaient pas semblant de nous aimer, ils nous
aimaient véritablement, comme les saints aiment
leur devoir, comme les ouvriers aiment leur œuvre, comme les superbes aiment leur orgueil. Ils
commencèrent par me rendre heureux; ils ne tardèrent pas à me rendre sage. La piété se ranima
dans mon âme. Elle devint le mobile de mon ardeur au travail. Je formai des amitiés intimes
avec des enfants de mon âge aussi purs et aussi
heureux que moi. Ces amitiés nous refaisaient,
pour ainsi dire, une famille. Arrivé trop tard dans
les dernières classes, puisque j'avais déjà passé
douze ans, je marchai vite aux premières. En trois
ans j'avais tout appris. Je revenais chaque année
chargé des premiers prix de ma classe. J'en avais
du bonheur pour ma mère, je n'en avais aucun
orgueil pour moi. Mes camarades et mes rivaux me
pardonnaient mes succès, parce qu'ils semblaient
naturels et que je ne les sentais moi-même. Il ne
manquait à mon bonheur que ma mère et la
liberté.

IV

Cependant je n'ai jamais pu discipliner mon âme à la servitude, quelque adoucie qu'elle fût par l'amitié, par la faveur de mes maîtres, par la popularité bienveillante dont mes condisciples m'entouraient au collége. Cette liberté des yeux, des pas, des mouvements, longtemps savourée à la campagne, me rendait les murs de l'école plus obscurs et plus étroits. J'étais un prisonnier plus heureux que les autres, mais j'étais toujours un prisonnier. Je ne m'entretenais avec mes amis, dans les heures de libre entretien, que du bonheur de sortir bientôt de cette réclusion forcée et de posséder de nouveau le ciel, les champs, les bois, les eaux, les montagnes de nos demeures paternelles. J'avais la fièvre perpétuelle de la liberté, j'avais la frénésie de la nature.

La fenêtre haute du dortoir la plus rapprochée de mon lit ouvrait sur une verte vallée du Bugey, tapissée de prairies, encadrée par des bois de hêtres et terminée par des montagnes bleuâtres sur le flanc desquelles on voyait flotter la vapeur humide et blanche de lointaines cascades. Souvent, quand tous mes camarades étaient endormis, quand la nuit était limpide et que la lune éclairait le ciel, je me levais sans bruit, je grimpais contre les barreaux d'un dossier de chaise, dont je me faisais une échelle, et je m'accoudais des heures entières sur le socle de cette fenêtre, pour

regarder amoureusement cet horizon de silence,
de solitude et de recueillement. Mon âme se portait avec d'indicibles élans vers ces prés, vers ces
bois, vers ces eaux ; il me semblait que la félicité
suprême était de pouvoir y égarer, à volonté, mes
pas, comme j'y égarais mes regards, mes pensées ;
et si je pouvais saisir dans les gémissements du
vent, dans les chants du rossignol, dans les bruis-
sements des feuillages, dans le murmure lointain
et répercuté des chutes d'eau, dans les tintements
des clochettes des vaches sur la montagne, quel-
ques-unes des notes agrestes, des réminiscences
d'oreille de mon enfance à Milly, des larmes de
souvenir, d'extase, tombaient de mes yeux sur la
pierre de la fenêtre, et je rentrais dans mon lit
pour y rouler longtemps en silence, dans mes rêves éveillés, les images éblouissantes de ces visions.

Elles se mêlaient de jour en jour davantage
dans mon âme avec les pensées et les visions du
ciel. Depuis que l'adolescence, en troublant mes
sens, avait inquiété, attendri et attristé mon imagination, une mélancolie un peu sauvage avait
jeté comme un voile sur ma gaieté naturelle et
donné un accent plus grave à mes pensées comme
au son de ma voix. Mes impressions étaient devenues si fortes, qu'elles en étaient douloureuses.
Cette tristesse vague que toutes les choses de la
terre me faisaient éprouver m'avait tourné vers
l'infini. L'éducation éminemment religieuse qu'on
nous donnait chez les jésuites, les prières fréquen-

tes, les méditations, les sacrements, les cérémonies pieuses répétées, prolongées, rendues plus attrayantes par la parure des autels, la magnificence des costumes, les chants, l'encens, les fleurs, la musique, exerçaient sur des imaginations d'enfants ou d'adolescents de vives séductions. Les ecclésiastiques qui nous les prodiguaient s'y abandonnaient les premiers eux-mêmes avec la sincérité et la ferveur de leur foi. J'y avais résisté quelque temps sous l'impression des préventions et de l'antipathie que mon premier séjour dans le collége de Lyon m'avait laissée contre mes premiers maîtres. Mais la douceur, la tendresse d'âme et la persuasion insinuante d'un régime plus saint, sous mes maîtres nouveaux, ne tardérent pas à agir avec la toute-puissance de leur enseignement sur une imagination de quinze ans. Je retrouvai insensiblement auprès d'eux la piété naturelle que ma mère m'avait fait sucer avec son lait. En retrouvant la piété, je retrouvai le calme dans mon esprit, l'ordre et la résignation dans mon âme, la régle dans ma vie, le goût de l'étude, le sentiment de mes devoirs, la sensation de la communication avec Dieu, les voluptés de la méditation et de la prière, l'amour du recueillement intérieur, et les extases de l'adoration en présence de Dieu auxquelles rien ne peut être comparé sur la terre, excepté les extases d'un premier et pur amour. Mais l'amour divin, s'il a des ivresses et des voluptés de moins, a de plus l'infini et l'éternité de l'être qu'on adore! Il a de plus encore sa présence perpétuelle devant les yeux et dans l'âme de l'adorateur. Je le savourai dans toute son ardeur et dans toute son immensité.

Il m'en resta plus tard ce qui reste d'un incendie qu'on a traversé : un éblouissement dans les yeux et une tache de brûlure sur le cœur. Ma physionomie en fut modifiée ; la légèreté un peu évaporée de l'enfance y fit place à une gravité tendre et douce, à cette concentration méditative du regard et des traits qui donne l'unité et le sens moral au visage. Je ressemblais à une statue de l'Adolescence enlevée un moment de l'abri des autels pour être offerte en modèle aux jeunes hommes. Le recueillement du sanctuaire m'enveloppait jusque dans mes jeux et dans mes amitiés avec mes camarades. Ils m'approchaient avec une certaine déférence, ils m'aimaient avec réserve.

J'ai peint dans *Jocelyn*, sous le nom d'un personnage imaginaire, ce que j'ai éprouvé moi-même de chaleur d'âme contenue, d'enthousiasme pieux répandu en élancements de pensées, en épanchements et en larmes d'adoration devant Dieu, pendant ces brûlantes années d'adolescence, dans une maison religieuse. Toutes mes passions futures encore en pressentiments, toutes mes facultés de comprendre, de sentir et d'aimer encore en germe, toutes les voluptés et toutes les douleurs de ma vie encore en songe, s'étaient pour ainsi dire concentrées, recueillies et condensées dans cette passion de Dieu, comme pour offrir au

Créateur de mon être, au printemps de mes jours, les prémices, les flammes et les parfums d'une existence que rien n'avait encore profanée, éteinte ou évaporée avant lui.

Je vivrais mille ans que je n'oublierais pas certaines heures du soir où, m'échappant pendant la récréation des élèves jouant dans la cour, j'entrais par une petite porte secrète dans l'église déjà assombrie par la nuit, et à peine éclairée au fond du chœur par la lampe suspendue du sanctuaire; je me cachais sous l'ombre plus épaisse d'un pilier; je m'enveloppais tout entier de mon manteau comme dans un linceul; j'appuyais mon front contre le marbre froid d'une balustrade, et plongé, pendant des minutes que je ne comptais plus, dans une muette mais intarissable adoration, je ne sentais plus la terre sous mes genoux ou sous mes pieds, et je m'abimais en Dieu, comme l'atome flottant dans la chaleur d'un jour d'été s'élève, se noie, se perd dans l'atmosphère, et, devenu transparent comme l'éther, paraît aussi aérien que l'air lui-même et aussi lumineux que la lumière!

Cette sérénité chaude de mon âme, découlant pour moi de la piété, ne s'éteignit pas en moi pendant les quatre années que j'employai encore à achever mes études. Cependant j'aspirais ardemment à les terminer pour rentrer dans la maison paternelle et dans la liberté de la vie des champs. Cette aspiration incessante vers la famille et vers la nature était même au fond un stimulant plus

puissant que l'émulation. Au terme de chaque
cours d'étude accompli, je voyais en idée s'ouvrir
la porte de ma prison. C'est ce qui me faisait
presser le pas et devancer mes émules. Je ne devais les couronnes dont j'étais récompensé et lit-
téralement surchargé à la fin de l'année qu'à la
passion de sortir plus vite de cet exil où l'on con-
damne l'enfance. Quand je n'aurais plus rien à
apprendre au collége, il faudrait bien me rappeler à la maison.

Ce jour arriva enfin. Ce fut un des plus beaux
de mon existence. Je fis des adieux reconnaissants
aux excellents maîtres qui avaient su vivifier mon
âme en formant mon intelligence, et qui avaient
fait pour ainsi dire rejaillir leur amour de Dieu
en amour et en zéle pour l'âme de ses enfants.
Les péres Desbrosses, Varlet, Béquet, Wrintz,
surtout, mes amis plus que mes professeurs, restèrent toujours dans ma mémoire comme des
modèles de sainteté, de vigilance, de paternité,
de tendresse et de grâce pour leurs éléves. Leurs
noms feront toujours pour moi partie de cette famille de l'âme à laquelle on ne doit pas le sang et
la chair, mais l'intelligence, le goût, les mœurs
et le sentiment.

Je n'aime pas l'institut des jésuites. Élevé dans
leur sein, je savais discerner, dès cette époque,
l'esprit de séduction, d'orgueil et de domination
qui se cache ou qui se révéle à propos dans leur
politique, et qui, en immolant chaque membre
au corps, et en confondant ce corps avec la reli-

gion, se substitue habilement à Dieu même, et aspire à donner à une secte surannée le gouvernement des consciences et la monarchie universelle de la conscience humaine. Mais ces vices abstraits de l'institution ne m'autorisent pas à effacer de mon cœur la vérité, la justice et la reconnaissance pour les mérites et pour les vertus que j'ai vus respirer et éclater dans leur enseignement et dans les maîtres chargés par eux du soin de notre enfance. Le mobile humain se sentait dans leurs rapports avec le monde; le mobile divin se sentait dans leurs rapports avec nous.

Leur zèle était si ardent, qu'il ne pouvait s'allumer qu'à un principe surnaturel et divin. Leur foi était sincère, leur vie pure, rude, immolée à chaque minute et jusqu'à la fin au devoir et à Dieu. Si leur foi eût été moins superstitieuse et moins puérile, si leurs doctrines eussent été moins imperméables à la raison, ce catholicisme éternel, je verrais dans les hommes que je viens de citer les maîtres les plus dignes de toucher avec des mains pieuses l'âme délicate de la jeunesse; je verrais dans leur institut l'école et l'exemple des corps enseignants. Voltaire, qui fut leur élève aussi, leur rendit la même justice. Il honora les maîtres de sa jeunesse dans les ennemis de la philosophie humaine. Je les honore et je les vénère dans leurs vertus, comme lui. La vérité n'a jamais besoin de calomnier la moindre vertu pour triompher par le mensonge. Ce serait là le jésuitisme de la philosophie. C'est par la vérité que la raison doit triompher.

« Enfin, après l'année qu'on appelle de philosophie, année pendant laquelle on torture par des sophismes stupides et barbares le bon sens naturel de la jeunesse pour le plier aux dogmes régnants et aux institutions convenues, je sortis du collége pour n'y plus rentrer. Je n'en sortis pas sans reconnaissance pour mes excellents maîtres ; mais j'en sortis avec l'ivresse d'un captif qui aime ses geôliers sans regretter les murs de sa prison. J'allais me plonger dans l'océan de liberté auquel je n'avais pas cessé d'aspirer ! Oh ! comme je comptais heure par heure ces derniers jours de la dernière semaine où notre délivrance devait sonner ! Je n'attendis pas qu'on m'envoyât chercher de la maison paternelle ; je partis en compagnie de trois élèves de mon âge qui rentraient dans leur famille comme moi, et dont les parents habitaient les environs de Mâcon. Nous portions notre petit bagage sur nos épaules, et nous nous arrêtions de village en village et de ferme en ferme, dans les gorges sauvages du Bugey. Les montagnes, les torrents, les cascades, les ruines sous les rochers, les chalets sous les sapins et sous les hêtres de ce pays tout alpestre, nous arrachaient nos premiers cris d'admiration pour la nature. C'étaient nos vers grecs et latins traduits par Dieu lui-même en images grandioses et vivantes, une promenade à travers la poésie de sa création. Toute cette route ne fut qu'une ivresse.

V

De retour à Milly quelques jours avant la chute des feuilles, je crus ne pouvoir épuiser jamais les torrents de félicité intérieure que répandait en moi le sentiment de ma liberté dans le site de mon enfance, au sein de la famille. C'était la conquête de mon âge de virilité. Ma mère m'avait fait préparer une petite chambre à moi seul, prise dans un angle de la maison, et dont la fenêtre ouvrait sur l'allée solitaire des noisetiers. Il y avait un lit sans rideaux, une table, des rayons contre le mur pour ranger mes livres. Mon père m'avait acheté les trois compléments de la robe virile d'un adolescent, une montre, un fusil et un cheval, comme pour me dire que désormais les heures, les champs, l'espace, étaient à moi. Je m'emparai de mon indépendance avec un délire qui dura plusieurs mois. Le jour était donné tout entier à la chasse avec mon père, à panser mon cheval à l'écurie ou à galoper, la main dans sa crinière, dans les prés des vallons voisins; les soirées, aux doux entretiens de famille, dans le salon, avec ma mère, mon père, quelques amis de la maison, ou à des lectures à haute voix des historiens et des poëtes.

Outre ces livres instructifs vers la lecture desquels mon père dirigeait sans affectation ma curiosité, j'en avais d'autres que je lisais seul. Je n'avais pas tardé à découvrir l'existence des cabi-

nets de lecture à Mâcon, où on louait des livres
aux habitants des campagnes voisines. Ces livres,
que j'allais chercher le dimanche, étaient devenus
pour moi la source inépuisable de solitaires dé-
lectations. J'avais entendu les titres de ces ouvrages retentir au collége dans les entretiens des
jeunes gens plus avancés en âge et en instruction
que moi. Je me faisais un véritable Éden imaginaire
de ce monde des idées, des poëmes et des romans
qui nous étaient interdits par la juste sévérité de
nos études.

Le moment où cet Éden me fut ouvert, où j'entrai pour la première fois dans une bibliothéque
circulante, où je pus, à mon gré, étendre la
main sur tous ces fruits mûrs, verts ou corrom-
pus de l'arbre de science, me donna le vertige.
Je me crus introduit dans le trésor de l'esprit
humain. Hélas! hélas! combien ce trésor véritable est vite épuisé! et combien de pierres faus-
ses tombèrent peu à peu sous mes mains avec
désenchantement et avec dégoût, à la place des
merveilles que j'espérais y trouver!

Les sentiments de piété que j'avais rapportés
de mon éducation et la crainte d'offenser les
chastes et religieux scrupules de ma mère m'em-
pêchèrent néanmoins de laisser égarer mes mains
et mes yeux sur les livres dépravés ou suspects,
poison des âmes, dont la fin du dernier siècle et
le matérialisme ordurier de l'Empire avaient
inondé alors les bibliothèques. Je les entr'ouvris
en rougissant, avec une curiosité craintive, et je

les refermai avec horreur. Le cynisme est l'idéal renversé; c'est la parodie de la beauté physique et morale, c'est le crime de l'esprit, c'est l'abrutissement de l'imagination. Je ne pouvais m'y plaire. Il y avait en moi trop d'enthousiasme pour ramper dans ces égouts de l'intelligence. Ma nature avait des ailes. Mes dangers étaient en haut et non en bas.

Mais je dévorais toutes les poésies et tous les romans dans lesquels l'amour s'élève à la hauteur d'un sentiment, au pathétique de la passion, à l'idéal d'un culte éthéré. Madame de Staël, madame Cottin, madame de Flahaut, Richardson, l'abbé Prévost, les romans allemands d'Auguste Lafontaine, ce Gessler prosaïque de la bourgeoisie, fournirent pendant des mois entiers de délicieuses scènes toutes faites au drame intérieur de mon imagination de seize ans. Je m'enivrais de cet *opium* de l'âme qui peuple de fabuleux fantômes les espaces encore vides de l'imagination des oisifs, des femmes et des enfants. Je vivais de ces mille vies qui passaient, qui brillaient et qui s'évanouissaient successivement devant moi, en tournant les innombrables pages de ces volumes plus enivrants que les feuilles de pavots.

Ma vie était dans mes songes. Mes amours se personnifiaient dans ces figures idéales qui se levaient tour à tour sous l'évocation magique de l'écrivain, et qui traversaient les airs en y laissant pour moi une image de femme, un visage gracieux ou mélancolique, des cheveux noirs ou

blonds, des regards d'azur ou d'ébène, et surtout
un nom mélodieux. Quelle puissance que cette
création par la parole qui a doublé le monde des
êtres et qui a donné la vie à tous les rêves de
l'homme! Quelle puissance surtout à l'âge où la
vie n'est elle-même encore qu'un rêve, et où
l'homme n'est encore qu'imagination!

Mais ce qui me passionnait par-dessus tout, c'é-
taient les poëtes, ces poëtes qu'on nous avait avec
raison interdits pendant nos mâles études, comme
des enchantements dangereux qui dégoûtent du
réel en versant à pleins flots la coupe des illusions
sur les lèvres des enfants.

Parmi ces poëtes, ceux que je feuilletais de préférence n'étaient pas alors les anciens, dont nous
avions, trop jeunes, arrosé les pages classiques de
nos sueurs et de nos larmes d'écoliers. Il s'en exhalait, quand je rouvrais leurs pages, je ne sais quelle
odeur de prison, d'ennui et de contrainte, qui me les
faisait refermer comme le captif délivré qui n'aime
pas à revoir ses chaines; mais c'étaient ceux qui ne
s'inscrivent pas dans le catalogue des livres d'é-
tude, les poëtes modernes, italiens, anglais, allemands, français, dont la chair et le sang sont notre sang et notre chair à nous-mêmes, qui sentent,
qui pensent, qui aiment, qui chantent comme
nous pensons, comme nous chantons, comme nous
aimons, nous, hommes des nouveaux jours: le
Tasse, le Dante, Pétrarque, Shakspeare, Milton,
Châteaubriand, qui chantait alors comme eux,
Ossian surtout, ce poëte du vague, ce brouillard

de l'imagination, cette plainte inarticulée des mers
du Nord, cette écume des grèves, ce gémissement
des ombres, ce roulis des nuages autour des pics
tempétueux de l'Écosse, ce Dante septentrional
aussi grand, aussi majestueux, aussi surnaturel
que le Dante de Florence, plus sensible que lui,
et qui arrache souvent à ses fantômes des cris
plus humains et plus déchirants que ceux des héros d'Homère.

VI

C'était le moment où Ossian, le poëte de ce génie
des ruines et des batailles, régnait sur l'imagination
de la France. Baour-Lormian le traduisait en vers
sonores pour les camps de l'empereur. Les femmes
le chantaient en romances plaintives ou en fanfares
triomphales au départ, sur la tombe ou au retour
de leurs amants. De petites éditions en volumes
portatifs se glissaient dans toutes les bibliothèques.
Il m'en tomba une sous la main. Je m'abîmai dans
cet océan d'ombres, de sang, de larmes, de fantômes, d'écume de neige, de brumes, de frimas et
d'images dont l'immensité, le demi-jour et la tristesse correspondaient si bien à la mélancolie gran-
diose d'une âme de seize ans qui ouvre ses premiers rayons sur l'infini. Ossian, ses sites et ses
images, correspondaient merveilleusement aussi à
la nature du pays de montagnes presque écossai-
ses, à la saison de l'année et à la mélancolie des
sites où je le lisais. C'était dans les âpres frissons
de novembre et de décembre. La terre était cou-

verte d'un manteau de neige percé çà et là par les
troncs noirs de sapins épars, ou surmonté par les
branches nues des chênes où s'assemblaient et
criaient les volées de corneilles. Les brumes gla-
cées suspendaient le givre aux buissons. Les nuages ondoyaient sur les cimes ensevelies des montagnes. De rares échappées de soleil les perçaient
par moments et découvraient de profondes per-
spectives de vallées sans fond, où l'œil pouvait
supposer des golfes de mer. C'est la décoration
naturelle et sublime des poëmes d'Ossian que je
tenais à la main. Je les emportais dans mon car-
nier de chasseur sur les montagnes, et, pendant
que les chiens donnaient de la voix dans les gorges, je les lisais assis sur quelque rocher concave,
ne quittant la page des yeux que pour retrouver
à l'horizon, à mes pieds, les mêmes brouillards,
les mêmes nuées, les mêmes plaines de glaçons ou
de neige que je venais de voir en imagination
dans mon livre. Combien de fois je sentis mes
larmes se congeler au bord de mes cils! J'étais
devenu un des fils du barde, une des ombres héroïques, amoureuses, plaintives, qui combattent,
qui aiment, qui pleurent ou qui chantent sur la
harpe dans les sombres domaines de Fingal. Ossian
est certainement une des palettes où mon imagination a broyé le plus de couleurs, et qui a laissé
le plus de ses teintes sur les faibles ébauches que
j'ai tracées depuis. C'est l'Eschyle de nos temps
ténébreux. Des érudits curieux ont prétendu et
prétendent encore qu'il n'a jamais existé ni écrit,

que ses poëmes sont une supercherie de Macpherson. J'aimerais autant dire que Salvator Rosa a inventé la nature !

VII

Mais il manquait quelque chose à mon intelligence complète d'Ossian : c'était l'ombre d'un amour. Comment adorer sans objet? comment se plaindre sans douleur? comment pleurer sans larmes? Il fallait un prétexte à mon imagination d'enfant rêveur. Le hasard et le voisinage ne tardèrent pas à me fournir ce type obligé de mes adorations et de mes chants. Je m'en serais fait un de mes songes, de mes nuages et de mes neiges, s'il n'avait pas existé tout près de moi. Mais il existait, et il eût été digne d'un culte moins imaginaire et moins puéril que le mien.

Mon père passait alors les hivers tout entiers à la campagne. Il y avait, dans les environs, des familles nobles ou des familles d'honorable et élégante bourgeoisie qui habitaient également leurs châteaux ou leurs petits domaines pendant toutes les saisons de l'année. On se réunissait dans des repas de campagne ou dans des soirées sans luxe. La plus sobre simplicité et la plus cordiale égalité régnaient dans ces réunions de voisins et d'amis. Vieux seigneurs ruinés par la Révolution, émigrés encore jeunes et conteurs, rentrés de l'exil ; curés, notaires, médecins des villages voisins, familles retirées dans leurs maisons rustiques, riches culti-

vateurs du pays, confondus par les habitudes et par
le voisinage avec la bourgeoisie et la noblesse,
composaient ces réunions, que le retour de l'hiver
avait multipliées.

Pendant que les parents s'entretenaient longue-
ment à table, ou jouaient aux échecs, au trictrac,
aux cartes, dans la salle, les jeunes gens jouaient à
des jeux moins réfléchis dans un coin de la chambre, se répandaient dans les jardins, pétrissaient
la neige, dénichaient les rouges-gorges ou les fau-
vettes dans les rosiers, ou répétaient les rôles de
petites pièces et de proverbes en action qu'ils venaient représenter, après le souper et le jeu, devant les parents et les amis.

Une jeune personne de seize ans, comme moi,
fille unique d'un propriétaire aisé de nos montagnes, se distinguait de tous ces enfants par son
esprit, par son instruction et par ses talents pré-
coces. Elle s'en distinguait aussi par sa beauté
plus mûre qui commençait à la rendre plus rê-
veuse et plus réservée que ses autres compagnes.
Sa beauté, sans être d'une régularité parfaite,
avait cette langueur d'expression contagieuse qui
fait rêver le regard et languir aussi la pensée de
celui qui contemple. Des yeux d'un bleu de per-
venche, des cheveux noirs et touffus, une bouche
pensive qui riait peu et qui ne s'ouvrait que pour
des paroles brèves, sérieuses, pleines d'un sens
supérieur à ses années; une taille où se révélaient
déjà les gracieuses inflexions de la jeunesse, une
émarche lasse, un regard qui contemplait sou-

vent, et qui se détournait quand on le surprenait,
comme s'il eût voulu dérober les rêveries dont il
était plein : telle était cette jeune fille. Elle semblait avoir le pressentiment d'une vie courte et
nuageuse comme les beaux jours d'hiver où je la
connus. Elle dort depuis longtemps sous cette
neige où nous imprimions nos premiers pas.

Elle s'appelait Lucy.

VIII

Elle sortait depuis quelques mois d'un couvent
de Paris, où ses parents lui avaient donné une
éducation supérieure à sa destinée et à sa fortune.
Elle était musicienne. Elle avait une voix qui faisait pleurer. Elle dansait avec une perfection d'attitude et de pose un peu nonchalante, mais qui
donnait à l'art l'abandon et la mollesse des mouvements d'une enfant : elle parlait deux langues
étrangères. Elle avait rapporté de Paris des livres
dont elle continuait à nourrir son esprit dans l'i-
solement du hameau de son père. Elle savait par
cœur les poëtes; elle adorait comme moi Ossian,
dont les images lui rappelaient nos propres collines dans celles de Morven. Cette adoration commune du même poëte, cette intelligence à deux
d'une même langue ignorée des autres, étaient
déjà une confidence involontaire entre nous. Nous
nous cherchions sans cesse; nous nous rapprochions partout pour en parler. Avant de savoir
que nous avions un attrait l'un vers l'autre, nous

nous rencontrions déjà dans nos nuages, nous
nous aimions déjà dans notre poëte chéri. Souvent
à part du reste de la société, dans les jeux, dans
les promenades, nous marchions presque toujours
à une longue distance en avant de sa mère et de
mes sœurs, nous parlant peu, n'osant nous regarder, mais nous montrant de temps en temps de
la main quelques beaux arcs-en-ciel dans les brouillards, quelques sombres vallées noyées d'une nappe
de brume d'où sortait, comme un écueil ou comme
un navire submergé, la flèche d'un clocher ou le
faisceau de tours ruinées d'un vieux château ;
ou bien encore quelque chute d'eau congelée au
fond du ravin, sur laquelle les châtaigniers et
les chênes penchaient leurs bras alourdis de neige,
comme les vieillards de Lochlin sur la harpe des
eaux.

Nous nous répondions par un regard d'admiration muette et d'intelligence intérieure. Nous
marchions souvent une demi-heure ainsi, à côté
l'un de l'autre, quand je la conduisais jusqu'au
bout de la vallée où demeurait son père, sans
qu'on entendît d'autre bruit que le léger craque-
ment de nos pieds dans le sentier de neige. Nous
ne nous quittions pourtant jamais sans un soupir
dans le cœur et sans une rougeur sur le front.

Les familles et les voisins souriaient de cette
inclination qu'ils avaient aperçue avant nous. Ils
la trouvaient naturelle et sans danger entre deux
enfants de cet âge, qui ne savaient pas même le
nom du sentiment qui les entraînait ainsi. Bien

loin de se déclarer cette prédilection l'un à
l'autre, ils ne se l'expliquaient pas à eux-mêmes.

IX

Cependant ce sentiment se passionnait de jour
en jour davantage en moi et en elle. Quand j'a-
vais passé la soirée auprès d'elle, que j'avais re-
conduit sa famille jusqu'au torrent au-dessus du-
quel la maison de son père s'élevait sur un cap
de rocher, il me semblait qu'on m'arrachait le
cœur et qu'on l'enfermait avec elle dans ces gros
murs et sous cette porte retentissante. Je revenais à pas lents, sans suivre aucun sentier, à travers les taillis et les prés, me retournant sans
cesse pour revoir l'ombre des hautes murailles
se découper sur le firmament; heureux quand
j'apercevais briller un moment une petite lumière
à la fenêtre de la tourelle haute qui dominait le
torrent et où je savais qu'elle lisait en attendant
le sommeil.

Tous les jours je m'acheminais, sous un prétexte quelconque, de ce côté de la vallée, mon
fusil sous le bras, mon chien sur mes pas. Je passais des heures entières à rôder en vue du vieux
manoir, sans entendre d'autre bruit que la voix
des chiens de garde qui hurlaient de joie en
jouant avec leur jeune maîtresse, sans voir autre
chose que la fumée qui s'élevait du toit dans le
ciel gris. Quelquefois cependant je la découvrais
elle-même en robe blanche à peine agrafée autour

du cou ; elle ouvrait sa fenêtre au rayon matinal
ou au vent du midi ; elle posait un pot de fleurs
sur le rebord pour faire respirer à la plante ren-
fermée l'air du ciel, ou bien elle suspendait à un
clou la cage de son chardonneret, qui baisait ses
lèvres entre les barreaux.

Elle s'accoudait aussi quelquefois longtemps
pour regarder écumer le torrent et courir les
nuages, et ses beaux cheveux noirs pendaient en
dehors, fouettés contre le mur par le vent d'hiver. Elle ne se doutait pas qu'un regard ami suivait, du bord opposé du ravin, tous ses mouvements, et qu'une bouche entr'ouverte cherchait
à reconnaître dans les saveurs de l'air les vagues
du vent qui avaient touché ses cheveux et em-
porté leur odeur dans les prés. Le soir, je lui disais timidement que j'avais passé en vue de sa
maison dans la journée ; qu'elle avait arrosé sa
plante à telle heure ; qu'à telle autre elle avait ex-
posé son oiseau au soleil ; qu'ensuite elle avait rêvé
un moment à sa fenêtre ; qu'après elle avait chanté
ou touché du piano ; qu'enfin elle avait refermé
sa fenêtre et qu'elle s'était assise longtemps im-
mobile comme quelqu'un qui lit.

X

Elle rougissait en me voyant si attentif à observer ce qu'elle faisait et en pensant qu'un regard invisible notait ses regards, ses pas et ses
gestes jusque dans sa tour, où elle ne se croyait

vue que de Dieu; mais elle ne paraissait attacher
aucune signification d'attachement particulier à
cette vigilance de ma pensée sur elle.

« Et vous, » me disait-elle avec un intérêt sensible dans la voix, mais masqué d'une apparente
indifférence, « qu'avez-vous fait aujourd'hui? » Je
n'osais jamais lui dire : « J'ai pensé à vous! »
Et nous restions toujours dans cette délicieuse indécision de deux cœurs qui sentent qu'ils s'adorent, mais qui ne se décideraient jamais à se le
dire des lèvres : leur silence et leur tremblement
même le disent assez pour eux.

Ossian fut notre confident muet et notre interprète. Elle m'en avait prêté un volume. Je devais
le lui rendre. Après avoir glissé dans toutes les
pages les brins de mousse, les grains de lierre
noir, les fleurs bleues qu'elle aimait à cueillir
dans les haies ou sur les pots de giroflée des
chaumières quand nous nous promenions ensemble avant l'hiver; après avoir cherché à appeler
ainsi sa pensée sur moi et montré que je pensais
à ses goûts moi-même, l'idée me vint d'ajouter
une ou deux pages à Ossian, et de charger l'ombre
des bardes écossais de la confidence de mon
amour sans espoir. J'affectai de me faire rede-
mander souvent le livre avant de le rendre et de
citer vingt fois le chiffre d'une page « que je re-
lisais toujours, lui disais-je, qui exprimait toute
mon âme, qui était imbibée de toutes mes larmes
d'admiration, et je la suppliais de la lire à son
tour, mais de la lire seule, dans sa chambre, le

soir, avec recueillement, au bruit du vent dans les pins et du torrent dans son lit, comme sans doute Ossian l'avait écrite. » J'avais excité ainsi sa curiosité, et j'espérais qu'elle ouvrirait le volume à la page qui contenait le poëme de ses propres soupirs.

XI

J'ai retrouvé, il y a trois ans, ces premiers vers dans les papiers du pauvre curé de B***, qui était en ce temps-là de nos sociétés d'enfance, et pour qui je les avais copiés; car quel amour n'a pas besoin d'un confident? Les voici dans toute leur inexpérience et dans toute leur faiblesse. J'en demande pardon à M. de Lorm'an, poëte et aveugle aujourd'hui comme Ossian. C'était un écho lointain de l'Écosse répété par une voix d'enfant dans les montagnes de son pays, une palette et point de dessin, des nuages et point de couleurs. Un rayon de la poésie du Midi fit évanouir pour moi plus tard toute cette brume fantastique du Nord.

A LUCY L...

RÉCITATIF.

La harpe de Morven de mon âme est l'emblème;
Elle entend de Cromla les pas des morts venir;
Sa corde à mon chevet résonne d'elle-même
Quand passe sur ses nerfs l'ombre de l'avenir.
Ombres de l'avenir, levez-vous pour mon âme!

Écartez la vapeur qui vous voile à mes yeux...
Quelle étoile descend?... Quel fantôme de femme
Pose ses pieds muets sur le cristal des cieux?

. . . .

Est-ce un songe qui meurt? une âme qui vient vivre?
Mêlée aux brumes d'or dans l'impalpable éther,
Elle ressemble aux fils du blanc tissu du givre
Qu'aux vitres de l'hiver les songes font flotter.
Ne soufflez pas sur elle, ô vents tièdes des vagues!
Ne fondez pas cette ombre, éclairs du firmament!
Oiseaux, n'effacez pas sous vos pieds ces traits vagues
Où la vierge apparaît aux rêves de l'amant!

La lampe du pêcheur qui vogue dans la brume
A des rayons moins doux que son regard lointain.
Le feu que le berger dans la bruyère allume
Se fond moins vaguement dans les feux du matin.

. . . .
. . . .
. . . .

. . . .

Sous sa robe d'enfant, qui glisse des épaules,
A peine aperçoit-on deux globes palpitants,
Comme les nœuds formés sous l'écorce des saules,
Qui font renfler la tige aux séves du printemps.

CHANT.

« Il est nuit sur les monts. L'avalanche ébranlée
« Glisse par intervalle aux flancs de la vallée.
« Sur les sentiers perdus sa poudre se répand;
« Le pied d'acier du cerf à ce bruit se suspend.
« Prêtant l'oreille au chien qui le poursuit en rêve,
« Il attend pour s'enfuir que le croissant se lève.
« L'arbre au bord du ravin, noir et déraciné,
« Se penche comme un mât sous la vague incliné.
« La corneille qui dort sur une branche nue
« S'éveille et pousse un cri qui se perd dans la nue;
« Elle fait dans son vol pleuvoir à flocons blancs
« La neige qui chargeait ses ailes sur ses flancs.
« Les nuages chassés par les brises humides

« S'empilent sur les monts en sombres pyramides,
« Ou, comme des vaisseaux sur le golfe écumant,
« Labourent de sillons le bleu du firmament.
« Le vent transi d'Érin qui nivelle la plaine
« Sur la lèvre en glaçons coupe et roidit l'haleine ;
« Et le lac où languit le bateau renversé
« N'est qu'un champ de frimas par l'ouragan hersé.
« . . . .
« . . . .
" . . . .
« . . . .
« Un toit blanchi de chaume où la tourbe allumée
« Fait ramper sur le ciel une pâle fumée ;
« La voix du chien hurlant en triste aboiement sort,
« Seul vestige de vie au sein de cette mort ;
« . . . .
« . . . .
« Quel est au sein des nuits ce jeune homme, ou ce rêve
« Qui de l'étang glacé suit à grands pas la grève,
« Gravit l'âpre colline, une arme dans la main,
« Rencontre le chevreuil sans changer son chemin,
« Redescend des hauteurs dans la gorge profonde
« Où la tour des vieux chefs chancelle au bord de l'onde ?
« Son noir lévrier quête et hurle dans les bois,
« Et la brise glacée est pleine d'une voix.

CHANT DU CHASSEUR.

« Lève-toi ! lève-toi ! sur les collines sombres,
« Biche aux cornes d'argent que poursuivent les ombres !
« O lune ! sur ces murs épands tes blancs reflets !
« Des songes de mon front ces murs sont le palais !
« Des rayons vaporeux de ta chaste lumière
« A mes yeux fascinés fais briller chaque pierre ;
« Ruisselle sur l'ardoise, et jusque dans mon cœur
« Rejaillis, ô mon astre, en torrents de langueur !
« Aux fentes des créneaux la giroflée est morte.
« Le lierre aux coups du Nord frissonne sur la porte
« Comme un manteau neigeux dont le pâtre, au retour,
« Secoue, avant d'entrer, les frimas dans la cour.

« Le mur épais s'entr'ouvre à l'épaisse fenêtre...
« Lune ! avec ton rayon mon regard y pénètre !
« J'y vois, à la lueur du large et haut foyer,
« Dans l'âtre au reflet rouge un frêne flamboyer.

LE CHASSEUR.

« Astre indiscret des nuits, que vois-tu dans la salle ?

LA LUNE.

« Les chiens du fier chasseur qui dorment sur la dalle.

LE CHASSEUR.

« Que m'importent les chiens, le chevreuil et le cor ?
« Astre indiscret des nuits, regarde et dis encor.

LA LUNE.

« Sous l'ombre d'un pilier la nourrice dévide
« La toison des agneaux sur le rouet rapide.
« Ses yeux sous le sommeil se ferment à demi ;
« Sur son épaule enfin son front penche endormi ;
« Oubliant le duvet dont la quenouille est pleine,
« Dans la cendre à ses pieds glisse et roule la laine.

LE CHASSEUR.

« Que me fait la nourrice aux doigts chargés de jours ?
« Astre éclatant des nuits, regarde et dis toujours !

LA LUNE.

« Entre l'âtre et le mur, la blanche jeune fille,
« Laissant sur ses genoux sa toile et son aiguille,
« Sur la table accoudée...

LE CHASSEUR.

                    Astre indiscret des nuits,
« Arrête-toi sur elle ! et regarde et poursuis !

LA LUNE.

« Sur la table de chêne accoudée et pensive,
« Elle suit du regard la forme fugitive
« De l'ombre et des lueurs qui flottent sur le mur,
« Comme des moucherons sur un ruisseau d'azur.
« On dirait que ses yeux fixés sur des mystères
« Cherchent un sens caché dans ces vains caractères,

« Et qu'elle voit d'avance entrer dans cette tour

« L'ombre aux traits indécis de son futur amour.

« Non, jamais un amant qu'à sa couche j'enlève

« Dans ses bras assoupis n'enlaça plus beau rêve!

« Vois-tu ses noirs cheveux, de ses charmes jaloux,

« Rouler comme une nuit jusque sur ses genoux?

LE CHASSEUR.

« Soufflez, brises du ciel! ouvrez ce sombre voile!

« Nuages de son front, rendez-moi mon étoile!

« Laissez-moi seulement sous ce jais entrevoir

« La blancheur de son bras sortant du réseau noir!

« Ou l'ondulation de sa taille élancée,

« Ou ce coude arrondi qui porte sa pensée,

« Ou le lis de sa joue, ou le bleu du regard

« Dont le seul souvenir me perce comme un dard.

« O fille du rocher, tu ne sais pas quels rêves

« Avec ce globe obscur de tes yeux tu soulèves!...

« A chacun des longs cils qui voilent leur langueur,

« Comme l'abeille au trèfle, est suspendu mon cœur.

« Reste, oh! reste longtemps sur ton bras assoupie

« Pour assouvir l'amour du chasseur qui t'épie!

« Je ne sens ni la nuit ni les mordants frimas.

« Ton souffle est mon foyer, tes yeux sont mes climats.

« Des ombres, de mon sein, ta pensée est la flamme!

« Toute neige est printemps aux rayons de ton âme!

« Oh! dors, oh! rêve ainsi, la tête sur ton bras!

« Et, quand au jour, demain, tu te réveilleras,

« Puissent mes longs regards, incrustés sur la pierre,

« Rester collés au mur et dire à ta paupière

« Qu'un fantôme a veillé sur toi dans ton sommeil!

« Et puisses-tu chercher son nom à ton réveil! »

. . . .

. . . .

RÉCITATIF.

Ainsi chantait, au pied de la tour isolée,

Le barde aux bruns cheveux, sous la nuit étoilée.

Et, transis par le froid, ses chiens le laissaient seul,

Et le givre en tombant le couvrait d'un linceul,

Et le vent qui glaçait le sang dans ses artères,
L'endormait par degrés du sommeil de ses pères,
Et les loups qui rôdaient sur l'hiver sans chemin,
Hurlant de joie aux morts, le flairaient pour demain.
Et pendant qu'il mourait au bord du précipice,
La vierge réveillée écoutait la nourrice,
A voix basse contant les choses d'autrefois,
Ou tirait un accord de harpe sous ses doigts,
Ou, frappant le tison aux brûlantes prunelles,
Lisait sa destinée au vol des étincelles,
Ou regardait, distraite, aux flammes du noyer
Les murs réverbérer les lueurs du foyer.

(*Milly*, 1805, 16 décembre.)

XII

Je lui remis un soir, en nous séparant, le volume grossi de ces vers. Elle les lut sans colère et vraisemblablement sans surprise. Elle y répondit par un petit poëme ossianique aussi, comme le mien, intercalé dans les pages d'un autre volume. Ses vers n'exprimaient que la plainte mélancolique d'une jeune vierge de Morven qui voit le vaisseau de son frère partir pour une terre lointaine, et qui reste à pleurer le compagnon de sa jeunesse au bord du torrent natal. Je trouvai cette poésie admirable et bien supérieure à la mienne. Elle était en effet plus correcte et plus gracieuse. Il y avait de ces notes que la rhétorique ne connaît pas et qu'on ne trouve que dans un cœur de femme. Notre correspondance poétique se poursuivit ainsi quelques ᵘʳˢ. et resserra, par cette confidence de nos pensées, l'intimité qui existait déjà entre nos yeux.

XIII

Nous trouvions toujours trop courtes les heures que nous passions ensemble, pendant les promenades ou pendant les soirées de famille, à contempler la sauvage physionomie de nos montagnes, les sapins chargés de neige, imitant les fantômes qui traînent leurs linceuls, la lune dans les nuages, l'écume de la cascade d'où s'élevait l'*arc de la pluie* dont parle Ossian. Nous aspirions à jouir de ces spectacles nocturnes pendan des nuits plus entièrement à nous, et en échangeant, plus librement que nous n'osions le faire devant les indifférents, les jeunes et inépuisables émanations de nos âmes devant les merveilles de cette nature en harmonie avec les merveilles de nos premières extases et de nos premiers étonnements. — « Qu'elles seraient belles, nous di-
« sions-nous souvent, des heures passées ensem-
« ble, dans la solitude et dans le silence d'une
« nuit d'hiver, à nous entretenir sans témoins et
« sans fin des plus secrètes émotions de nos
« âmes, comme *Fingal*, *Morni* et *Malvina* sur
« les collines de leurs aïeux ! »

Des larmes de désir et d'enthousiasme montaient dans nos yeux à ces images anticipées du bonheur poétique que nous osions rêver dans ces entretiens dérobés au jour et à l'œil de nos parents. A force d'en parler, nous arrivâmes à un égal désir de réaliser ce songe d'enfant; puis nous concertâmes secrètement, mais innocemment, les moyens de nous donner l'un à l'autre cette félicité d'imagination. Rien n'était si facile du moment que nous nous entendions, moi, pour le demander avec passion, elle pour l'accorder sans soupçon ni résistance.

XIV

La tour qu'habitait Lucy, à l'extrémité du petit manoir de son père, avait pour base une terrasse dont le mur, bâti en forme de rempart, avait ses fondements dans le bas de la petite vallée près du torrent. Le mur était en pente assez douce. Des buis, des ronces, des mousses, poussés dans les crevasses des vieilles pierres ébréchées par le temps, permettaient à un homme agile et hardi d'arriver, en rampant, au sommet du parapet et de sauter, de là, dans le petit jardin qui occupait l'espace étroit de la terrasse au pied de la tour. Une porte basse de cette tour servant d'issue à la dernière marche d'un escalier tournant ouvrait sur le jardin. Cette porte, fermée la nuit par un verrou intérieur, pouvait s'ouvrir sous la main de Lucy et lui donner la promenade du jardin pendant le sommeil de sa nourrice. Je connaissais le mur, la terrasse, le jardin, la tour, l'escalier. Il ne s'agissait pour elle que d'avoir assez de résolution pour y descendre, pour moi assez

d'audace pour y monter. Nous convînmes de la
nuit, de l'heure, du signal que je ferais de la colline opposée en brûlant une amorce de mon fusil.

Le plus embarrassant pour moi était de sortir
inaperçu, la nuit, de la maison de mon père. La
grosse porte du vestibule sur le perron ne s'ouvrait qu'avec un retentissement d'énormes serru-
res rouillées, de barres et de verrous dont le bruit
ne pouvait manquer d'éveiller mon père. Je couchais dans une chambre haute du premier étage.
Je pouvais descendre en me suspendant à un drap
de mon lit et en sautant de l'extrémité du drap
dans le jardin ; mais je ne pouvais remonter. Une
échelle heureusement oubliée par des maçons qui
avaient travaillé quelques jours dans les pressoirs
me tira d'embarras. Je la dressai, le soir, contre
le mur de ma chambre. J'attendis impatiemment
que l'horloge eût sonné onze heures et que tout
bruit fût assoupi dans la maison. J'ouvris douce-
ment la fenêtre et je descendis, mon fusil à la
main, dans l'allée des noisetiers. Mais à peine
avais-je fait quelques pas muets sur la neige, que
l'échelle, glissant avec fracas contre la muraille,
tomba dans le jardin. Un gros chien de chasse
qui couchait au pied de mon lit, m'ayant vu sortir par la fenêtre, s'était élancé à ma suite. Il avait
entravé ses pattes dans les barreaux et avait entraîné par son poids l'échelle à terre. A peine dé-
gagé, le chien s'était jeté sur moi et me couvrait
de caresses. Je le repoussai rudement pour la
première fois de ma vie. Je feignis de le battre

pour lui ôter l'envie de me suivre plus loin. Il se coucha à mes pieds et me vit franchir le mur qui séparait le jardin des vignes sans faire un mouvement.

XV

Je me glissai à travers les champs, les bois et les prés, sans rencontrer personne jusqu'au bord du ravin opposé à la maison de Lucy. Je brûlai l'amorce. Une légère lueur allumée un instant, puis éteinte à la fenêtre haute de la tour, me répondit. Je déposai mon fusil au pied du mur en talus. Je grimpai le rempart. Je sautai sur la terrasse. Au même instant, la porte de la tour s'ouvrit. Lucy, franchissant le dernier degré et marchant comme quelqu'un qui veut assoupir le bruit de ses pas, s'avança vers l'allée où je l'attendais un peu dans l'ombre. Une lune splendide éclairait de ses gerbes froides, mais éblouissantes, le reste de la terrasse, les murs et les fenêtres de la tour, les flancs de la vallée.

Nous étions enfin au comble de nos rêves. Nos cœurs battaient. Nous n'osions ni nous regarder ni parler. J'essuyai cependant avec la main un banc de pierre couvert de neige glacée. J'y étendis mon manteau, que je portais plié sous mon bras, et nous nous assîmes un peu loin l'un de l'autre. Nul de nous ne rompait le silence. Nous regardions tantôt à nos pieds, tantôt vers la tour, tantôt vers le ciel. A la fin je m'enhardis : «O Lucy! lui dis-je, comme la lune rejaillit pitto-

« resquement d'ici de tous les glaçons du torrent
« et de toutes les neiges de la vallée ! Quel bonheur
« de la contempler avec vous ! — Oui, dit-elle, tout
« est plus beau avec un ami qui partage vos ad-
« mirations pour ces paysages. » Elle allait pour-
suivre, quand un gros corps noir, passant comme
un boulet par-dessus le mur du parapet, roula
dans l'allée, et vint, en deux ou trois élans, bon-
dir sur nous en aboyant de joie.

C'était mon chien qui m'avait suivi de loin, et
qui, ne me voyant pas redescendre, s'était élancé
sur ma piste et avait grimpé comme moi le mur
de la terrasse. A sa voix et à ses bonds dans le
jardin, les chiens de la cour répondirent par de
longs aboiements, et nous aperçûmes dans l'intérieur de la maison la lueur d'une lampe qui passait de fenêtre en fenêtre en s'approchant de la
tour. Nous nous levâmes. Lucy s'élança vers la
porte de son escalier, dont je l'entendis refermer
précipitamment le verrou. Je me laissai glisser
jusqu'au pied du mur dans les prés. Mon chien
me suivit. Je m'enfonçai à grands pas dans les
sombres gorges des montagnes en maudissant
l'importune fidélité du pauvre animal. J'arrivai
transi sous la fenêtre de ma chambre.

Je replaçai l'échelle. Je me couchai à l'aube du
jour, sans autre souvenir de cette première nuit
de poésie ossianique que les pieds mouillés, les
membres transis, la conscience un peu humiliée
de ma timidité devant la charmante Lucy, et une
rancune très-modérée contre mon chien, qui avait

interrompu à propos un entretien dont nous étions déjà plus embarrassés qu'heureux.

XVI

Ainsi finirent ces amours imaginaires qui commençaient à inquiéter un peu nos parents. On s'était aperçu de ma sortie nocturne. On se hâta de me faire partir avant que cet enfantillage devînt plus sérieux. Nous nous jurâmes de nous aimer par tous les astres de la nuit, par toutes les ondes du torrent et par tous les arbres de la vallée. L'hiver fondit ces serments avec ses neiges. Je partis pour achever mon éducation à Paris et dans d'autres grandes villes. Lucy fut mariée pendant mon absence, devint une femme accomplie, fit le bonheur d'un mari qu'elle aima, et mourut jeune, dans une destinée aussi vulgaire que ses premiers rêves avaient été poétiques. Je revois quelquefois son ombre mélancolique et diaphane sur la petite terrasse de la tour de ***, quand je passe l'hiver au fond de la vallée, que le vent du nord fouette la crinière de mon cheval, ou que les chiens aboient dans la cour du manoir abandonné.

CHAPITRE DEUXIÈME

I

En 1814, j'étais entré dans la maison militaire du roi Louis XVIII, comme tous les jeunes gens de mon âge dont les familles étaient attachées, par souvenir, à l'ancienne monarchie. Je faisais partie des corps de cette garde qui devait marcher contre Bonaparte, à Nevers, puis à Fontainebleau, puis enfin défendre Paris avec la garde nationale et les jeunes gens des écoles, enrôlés spontanément, et par le seul enthousiasme de la liberté contre l'invasion des soldats de l'île d'Elbe.

On fait grimacer indignement l'histoire depuis quinze ans sur ce retour de Bonaparte, soi-disant triomphal à Paris aux applaudissements de la France. C'est un mensonge convenu, qui n'en est pas moins un grossier mensonge.

La vérité, c'est que la France étonnée et consternée fut conquise par un des souvenirs de gloire qui intimidèrent la nation, et qu'elle ne fut rien moins que soulevée par son amour et par son fanatisme pour l'Empire. Ce fanatisme, alors,

n'existait que dans les troupes, et encore dans les
rangs subalternes seulement. La France était lasse
de combats pour un homme ; elle avait salué dans
Louis XVIII, non pas le roi de la contre-révolution, mais le roi d'une constitution libérale. Tout
le mouvement interrompu de la Révolution de
1789 recommençait pour nous depuis la chute de
l'Empire.

La France entière, la France qui pense, et non
pas la France qui crie, sentait parfaitement que
le retour de Bonaparte amenait le retour du régime militaire et de la tyrannie. Elle en avait
effroi. Le 20 mars fut une conspiration armée
et non un mouvement national. Le premier sentiment du peuple fut le soulèvement contre l'audace de cet homme qui pesait sur elle du poids
d'un héros. S'il n'y eût point eu d'armée organisée
en France pour voler sous les aigles de son empereur, jamais son empereur ne fût arrivé jusqu'à
Paris. L'armée enleva la nation, elle oublia la
liberté pour un homme : voilà la vérité. Cet
homme était un grand général ; cet homme avait
été quinze ans son chef ; cet homme était à ses
yeux la gloire et l'Empire : voilà son excuse, s'il
y a des excuses contre une défection à la liberté.
Ce fut la première fois de ma vie que je sentis
dans mon âme un profond découragement des
hommes. Je vis à huit jours de distance une
France prête à se lever en masse contre Bonaparte et une autre France prosternée aux pieds
de Bonaparte. Je savais bien que la soumission

n'était pas volontaire et que la prosternation n'était pas sincère; je compris que les plus grandes nations n'étaient pas toujours héroïques et que les peuples aussi passaient sous le joug.

De ce jour je désespérai de la toute-puissance de l'opinion, et je crus *plus quod decet* à la puissance des baïonnettes. Ce fut mon premier désillusionnement politique. Le 20 mars et la mobilité d'une nation pliant devant quelques régiments me sont restés comme un poids sur le cœur.

L'histoire a déguisé la sujétion sous un feint enthousiasme. Mais il y a une histoire plus vraie que celle qu'on écrit pour flatter son siècle; celle-là parlera un autre langage que les thuriféraires du grand peuple et du grand soldat. L'Empire aura son Tacite, et la liberté sera vengée. En attendant, laissons mentir en paix cette histoire sans conscience, ces annalistes d'état-major et de caserne qui suivent l'armée comme on suivait les cours, qui dépravent le jugement du peuple en justifiant toujours la fortune, en adorant toujours l'épée, et qui ont dans l'âme un tel besoin de servitude, que, ne pouvant plus adorer le tyran, ils adorent du moins la mémoire de la tyrannie!.....

II

Nous quittâmes Paris la nuit qui précéda l'entrée de Bonaparte dans Paris. Nous laissâmes la capitale dans l'agitation. Dans toutes les rues, sur tous les boulevards, dans tous les faubourgs, dans tous les villages où nous passions, le peuple se pressait sur nos pas pour nous couvrir de ses bénédictions et de ses vœux. Les citoyens sortaient de leurs portes, et nous présentaient en pleurant du pain et du vin. Ils serraient nos mains dans les leurs ; ils éclataient en malédictions contre les prétoriens qui venaient renverser les institutions et la paix à peine reconquises. Voilà ce que j'ai vu et entendu depuis la place Louis XV, d'où nous partîmes, jusqu'à la frontière belge, où nous nous arrêtâmes.

Et ce n'étaient pas seulement les royalistes, les partisans de la maison de Bourbon, qui parlaient ainsi, c'étaient surtout les libéraux, les amis de la Révolution et de la liberté.

Nous arrivâmes au milieu de ce concert d'imprécations et de larmes jusqu'à Béthune, petite ville fortifiée de nos frontières du Nord, à deux lieues de la Belgique. Le maréchal Marmont nous commandait. Le comte d'Artois et le duc de Berry, son fils, marchaient avec nous. Le roi s'était séparé de nous à Arras, et avait pris la route de Lille. Il ne passa que quelques heures à Lille, où, les dispositions de la garnison menaçant sa sûreté, il se réfugia en Belgique.

A cette nouvelle, le comte d'Artois, le maréchal Marmont et les grenadiers à cheval de la garde royale sortirent de Béthune pour suivre le roi hors de France. Quelques compagnies de gardes du corps, de chevau-légers et de mousquetaires restèrent dans la ville pour la défendre. Le

soir on nous réunit sur la place d'armes ; on nous
lut une proclamation des princes qui nous re-
merciaient de notre fidélité ; ils nous adressaient
léurs adieux, et nous disaient que, dégagés désor
mais de notre serment envers eux, nous étions libres de rentrer dans nos familles ou de suivre le
roi sur la terre étrangère.

Des groupes se formèrent de toutes parts à cette
lecture. Nous délibérâmes sur le parti le plus honorable et le plus patriotique à prendre dans cet
abandon où l'on nous laissait. Les uns opinaient
à suivre le roi, les autres à rentrer dans les rangs
de la nation, et à attendre là les occasions de servir utilement notre cause trahie par la fortune,
mais non par le droit. Les voix les plus passion-
nées et les plus nombreuses proposaient de porter notre drapeau en Belgique, et d'attacher notre
fortune aux pas du roi, que nous avions juré de
défendre. On parlait avec animation et avec cette
éloquence militaire qui déroule les plis du drapeau et qui accompagne les paroles du geste et du
retentissement du sabre. Ce fut la première fois
que je parlai au public. Aimé de beaucoup de mes
camarades et honoré, malgré mon extrême jeunesse, d'une certaine autorité parmi eux, je mon-
tai, à la prière de quelques-uns de mes amis, sur
le moyeu de la roue d'un caisson, et je répondis à
un mousquetaire qui avait fortement et brillam-
ment remué les esprits en parlant en faveur de
l'émigration.

J'étais aussi ennemi de Bonaparte et aussi dé-

voué à une restauration libérale que qui que ce
fût dans l'armée; mais je sortais d'une famille
qui ne s'était jamais détachée du pays, et qui
croyait aux droits de la patrie comme nos aïeux
croyaient au droit du trône. Mon père et ses
frères appartenaient à cette génération de la noblesse française vivant dans les provinces et dans
les camps, loin des cours, en détestant les abus,
en méprisant la corruption, amis de Mirabeau et
des premiers constitutionnels, ennemis des crimes
de la Révolution, partisans constants et modérés
de ses principes. Aucun d'eux n'avait émigré. Co-
blentz leur répugnait comme une folie et comme
une faute. Ils avaient préféré le rôle de victimes
de la Révolution au rôle d'auxiliaires des ennemis
de leur pays. J'avais été nourri dans ces idées;
elles avaient coulé dans mes veines : la politique
est dans le sang.

J'exprimai ces idées avec loyauté et avec énergie. Je les appuyai de quelques considérations
hardies de nature à faire impression sur les esprits en suspens.

Je dis que la cause de la liberté et la cause des
Bourbons étaient heureusement réunies en France
depuis que Louis XVIII avait donné à la France
le gouvernement représentatif; que c'était notre
force d'être associés de cœur avec les libéraux et
avec les républicains; que la même haine nous
animait contre Bonaparte, que l'usurpateur de
tous les droits du peuple ne pouvait pas gouver-
ner désormais sans donner lui-même une ombre

de constitution libérale à la nation; que cette
constitution impliquerait nécessairement la liberté de la parole et la liberté de la presse; que
si les républicains et les royalistes réunis se servaient à la fois et ensemble de ces armes de l'o-
pinion contre Bonaparte, son règne serait court
et sa chute définitive, mais que si les royalistes
émigraient et livraient les républicains à l'armée,
toute résistance à la tyrannie serait promptement
étouffée, ou dans le sang des libéraux, ou dans
les cachots des prisons d'État; que les hommes
de la liberté étaient les ennemis de l'émigration;
que, disposés à s'allier aujourd'hui avec nous sur
le terrain des libertés constitutionnelles et d'une
restauration de 89, ils s'en sépareraient à l'instant
où ils nous verraient sur le sol étranger et sous
un autre drapeau que celui de l'indépendance du
pays; qu'ainsi notre devoir envers la patrie, notre
devoir envers nos familles, comme la saine politique et la fidélité utile, nous défendaient de suivre le roi hors du territoire; que les pas que nous
avions faits jusque-là pour le suivre étaient les
pas de la discipline et de la fidélité, qui ne lais-
seraient dans notre vie que des traces d'honneur,
mais qu'un pas de plus nous dénationaliserait et
ne nous laisserait que des regrets, et peut-être un
jour des remords; qu'ainsi je ne passerais pas la
frontière, et que, sans vouloir blâmer le sentiment opposé dans mes camarades, j'engageais
ceux qui pensaient comme moi à se ranger de
mon côté.

Ces paroles firent une vive impression, et la masse se prononça contre l'émigration. Ceux qui persistèrent à suivre les princes montèrent à cheval et sortirent de la ville. Nous nous enfermâmes dans Béthune déjà cerné par les troupes que l'empereur avait envoyées de Paris pour observer la retraite du roi. Réduits par l'absence de chefs et par le défaut de commandement à nous commander nous-mêmes, nous établimes des postes peu nombreux aux principales portes, et nous fîmes des patrouilles de jour et de nuit sur les remparts. Je couchai trois jours et trois nuits au corps de garde de la porte de Lille, avec un excellent ami nommé Vaugelas, distingué depuis dans la magistrature et dans la politique. Nous capitulâmes le quatrième jour. Licenciés par le roi, nous fûmes licenciés de nouveau par le général bonapartiste qui entra dans Béthune. On nous laissa libres de rentrer individuellement dans nos familles. Paris seul nous fut interdit.

J'y rentrai néanmoins à la faveur d'un habit de ville et d'un cabriolet que je me fis envoyer à Saint-Denis. J'y passai quelques jours pour étudier l'esprit public et pour juger par mes propres yeux des dispositions de la jeunesse et du peuple. Je vis l'empereur passer une revue sur le Carrousel. Il fallait le prisme de la gloire et l'illusion du fanatisme pour voir dans sa personne, à cette époque, l'idéal de beauté intellectuelle et de royauté innée dont le marbre et le bronze ont depuis flatté son image afin de nous la faire ado-

rer. Son œil enfoncé se promenait avec inquiétude
sur les troupes et sur le peuple. Sa bouche sou-
riait mécaniquement à la foule pendant que sa
pensée était visiblement ailleurs. Un certain air
de doute et d'hésitation se trahissait dans tous
ses mouvements. On voyait que le terrain n'était
pas solide sous ses pieds, et qu'il tâtonnait sur le
trône avec sa fortune. Il ne savait pas bien si son
entrée à Paris était un succès ou un piége de son
étoile. Les troupes, en défilant devant lui, criaient
Vive l'Empereur ! avec l'accent concentré du
désespoir. Le peuple des faubourgs proférait les
mêmes clameurs d'un ton plus menaçant qu'en-
thousiaste. Les spectateurs se taisaient et échan-
geaient des paroles à voix basse et des regards
d'intelligence. On voyait facilement que la haine
convoitait et épiait une chute au milieu de l'ap-
pareil de sa force et de son triomphe. La police
interrogeait les physionomies. Les cris de liberté
se mêlaient aux cris d'adulation et de servitude.
Cela ressemblait plus à un empereur et à une
scène du Bas-Empire qu'au héros de l'Égypte et du
Consulat. C'était le 18 brumaire qui se vengeait.

Je sortis de Paris, ce grand et héroïque subor-
neur de la révolution, avec toute mon énergie et
avec le pressentiment de la liberté future.

III

Rentré dans ma famille, les décrets impériaux
de nouvelles levées de troupes se succédèrent et

vinrent troubler la sécurité de mon père. Il fallait ou entrer dans les rangs des jeunes soldats mobilisés pour l'armée, ou acheter un homme qui m'y remplaçât au service de l'Empire. Je ne voulus ni l'un ni l'autre. Je déclarai à mon père que j'aimerais mieux mourir fusillé par les ordres de Bonaparte que de donner une goutte de mon sang ou une goutte du sang d'un autre au service et au maintien de ce que j'appelais la tyrannie. Je sentais que cette résolution, hautement et fermement proclamée par le fils, pourrait compromettre le père si on l'en rendait responsable, et je résolus de m'éloigner.

La Suisse était neutre. Je pris quelques louis dans la bourse de ma mère, et je partis une nuit, sans passe-port, pour les Alpes.

IV

Mon grand-père avait possédé de grands biens dans la Franche-Comté, entre Saint-Claude et la frontière du pays de Vaud. Ces biens ne nous appartenaient plus, mais ils avaient été acquis par d'anciens agents de ma famille, à qui mon nom ne serait pas inconnu. Je parvins, sans être arrêté, jusqu'à leur demeure, au pied des forêts de sapins qui touchent aux deux territoires de Suisse et de France. Ils me reçurent comme le petit-fils de l'ancien propriétaire de ces forêts. Ils me cachèrent quelques jours chez eux. J'y laissai mes

habits de ville. J'empruntai d'un des fils de la
maison une veste de toile, comme les paysans de
la Franche-Comté en portent, et, un fusil sur
l'épaule, je passai en Suisse au milieu des ve-
dettes et des douaniers, qui me prirent pour un
chasseur des environs. Arrivé sur le sommet de
Saint-Cergue, d'où le regard embrasse le lac de
Genève et la ceinture de montagnes gigantesques
qui l'entourent, je baisai avec enthousiasme cette
terre de la liberté. Je me souvins que, quatre ans
avant, venant de Milan à Lausanne, le même enthousiasme m'avait saisi en lisant sur un écusson
en pierre de la route, entre Villeneuve et Vevay,
ces deux mots magiques : *Liberté, égalité!*

Un vieillard de Lausanne, qui voyageait dans la
même voiture que moi, témoin de l'émotion que
soulevait dans mon âme ce symbole des institutions républicaines au milieu de l'asservissement
de l'Empire, voulut que je descendisse dans sa
maison et me retint, quoique inconnu, plusieurs
jours dans sa famille. Les hommes se reconnais-
sent aux sentiments autant qu'aux noms. Les idées
généreuses sont une parenté entre les étrangers.
La liberté a sa fraternité comme la famille.

V

Je n'avais ni lettres, ni crédit, ni recommanda-
tion, ni papiers qui pussent m'ouvrir l'accès d'une
seule maison en Suisse. La police fédérale pouvait
me prendre pour un des nombreux espions que

l'empereur envoyait dans les cantons pour soulever
l'opinion en sa faveur et révolutionner le pays
contre les faibles restes de l'aristocratie de Berne.
Il fallait trouver à tâtons une famille qui répondit
de moi. J'entrai à Saint-Cergue dans la maison
d'un des guides qui conduisaient les étrangers de
France en Suisse par les sentiers de la montagne.
Je lui demandai l'hospitalité pour la nuit. Dans le
cours de la conversation, après le souper, je m'informai de cet homme quelles étaient les principales
familles du pays de Vaud avec lesquelles il avait
des relations et où il conduisait le plus fréquem-
ment des voyageurs. Il me nomma madame de
Staël, dont les nombreux et illustres amis prenaient souvent asile chez lui en passant et en re-
passant la frontière. On sait que Coppet était le
refuge de tous les amis de la liberté qui n'avaient
pour protecteur depuis dix ans que le génie d'une
femme. Il me nomma aussi le baron de Vincy, ancien officier supérieur suisse au service de la
France. Il me montra son château, qui blanchis-
sait à quelques lieues de là aux pieds des montagnes. Il m'en indiqua la route, et je résolus de m'y
présenter.

VI

Le lendemain, je descendis au point du jour vers
le lac du côté de Nyon. C'était au mois de mai;
le ciel était pur, les eaux du lac resplendissantes
tachées, çà et là, de quelques voiles blanches.
L'ombre des montagnes s'y peignait du côté de

Meilleraie avec leurs rochers, leurs forêts et leurs
neiges. Je m'enivrais de ces aspects alpestres que
je n'avais fait qu'entrevoir une première fois,
quelques années avant. Je m'arrêtais à tous les
tournants de la rampe, je m'asseyais auprès de
toutes les sources, à l'ombre des plus beaux châtaigniers, pour m'incorporer, pour ainsi dire, cette
splendide nature par les yeux. J'hésitais involontairement, d'ailleurs, à me présenter au château
de Vincy. Je n'étais pas fâché de retarder l'heure
d'une démarche qui m'embarrassait.

VII

Enfin j'arrivai à la grille du château; il était plus
de midi. Je demandai, avec une timidité que dé-
guisait mal une feinte assurance, si M. le baron de
Vincy était chez lui. On me répondit qu'il y était ;
je fus introduit. Malgré ma veste de paysan des
montagnes, ma figure contrastait tellement avec
mon costume, que M. de Vincy me fit asseoir et
me demanda poliment ce qui m'amenait. Je le lui
dis ; il m'écouta avec bonté, prit ensuite quelques
informations pour s'assurer que je n'étais pas un
aventurier, en parut satisfait, écrivit une lettre
pour un magistrat de Berne et me la remit. Je
sortis en lui exprimant avec sensibilité ma reconnaissance.

Au moment où j'allais le quitter sur le perron
de la cour, deux femmes descendaient l'escalier et
parurent dans le vestibule.

L'une d'elles était madame la baronne de Vincy. C'était une femme d'environ quarante ans, d'une taille élevée, d'un port majestueux, d'une figure douce et calme, voilée de tristesse comme les traits de la Niobé antique. L'autre était une jeune fille de quinze à seize ans, beaucoup plus petite que sa mère et dont la physionomie méditative indiquait une plante du Nord croissant à l'ombre d'un climat froid et peut être aussi de quelque tristesse domestique. Elles s'arrêtèrent toutes deux pour écouter en passant les derniers mots de ma conversation avec M. de Vincy. Elle me regardèrent avec une attention mêlée de bonté et restèrent quelque temps sur le perron à me voir partir. Il y avait de l'indécision et du regret dans leur attitude.

Je m'éloignai du château, et j'étais déjà dans les rues du village quand un domestique accourut derrière moi et me pria, de la part de madame de Vincy, de vouloir bien revenir sur mes pas. Je le suivis. Je trouvai la famille, composée de M. de Vincy, de sa femme et d'un fils de dix ou douze ans, qui m'attendait encore sur le perron, — « Un « regret nous a saisis, me dit d'une voix sensible « et toute maternelle madame de Vincy : nous « avons craint qu'étranger dans nos montagnes et « fatigué d'une longue route à pied vous ne trou- « viez pas dans le village une auberge où vous « puissiez vous rafraîchir et vous reposer. Nous « vous prions de prendre notre maison pour votre « halte, de vouloir bien dîner avec nous. Nous

« allons nous mettre à table. Vous aurez tout le
« temps nécessaire pour vous rendre à Roll dans
« la soirée. » Je refusai quelque temps en m'excu-
sant sur mon costume, qui me rendait indigne de
m'asseoir à leur table. On insista, et je cédai.

Pendant le dîner, qui était simple et sobre,
dans une salle où tout attestait la splendeur éva-
nouie d'une maison déchue de sa fortune, M. et
madame de Vincy s'entretinrent avec moi de ma-
nière à bien se convaincre que j'étais en effet ce
que je disais être. Le nom de ma famille leur était
inconnu ; mais je voyais à Paris plusieurs personnes de leur connaissance. Les détails que je don-
nai dans la conversation sur ces personnes étaient
de nature à prouver que je vivais en bonne compagnie. Mon antipathie instinctive contre Bonaparte était aussi une prévention favorable pour
moi. Je vis, avant la fin du dîner, qu'il ne restait
pas dans la famille le moindre soupçon sur mon
compte. La loyauté de mon regard, la candeur de
mon front, la simplicité de mes réponses, aidaient
sans doute à la conviction. Après le dîner, je re-
merciai madame de Vincy, je pris mon bâton et
je voulus partir. Ces dames voulurent m'accompagner en se promenant jusqu'à une certaine
distance pour me mettre dans le chemin de Roll.
Elles firent environ une demi-lieue à travers les
vignes et les bois avec moi. Le jour baissait, nous
nous séparâmes.

Mais à peine avais-je fait quelques pas que je
m'entendis rappeler de nouveau. Je revins : « Te-

« nez, monsieur, me dit madame de Vincy, il est
« inutile de vous éprouver plus longtemps et de
« nous affliger nous-mêmes en vous abandonnant
« ainsi aux hasards des aventures, seul et dans un
« pays étranger. Vous nous intéressez ; vous sem-
« blez vous plaire avec nous ; ne nous quittons pas.
« Je me mets en idée à la place de votre mère. J'ai
« moi-même un fils de votre âge qui combat en ce
« moment dans les rangs de l'armée hollandaise, et
« qui est peut-être blessé, prisonnier, errant comme
« vous ; il me semble qu'en vous abritant je lui
« prépare pour lui-même un abri semblable dans
« la maison d'autrui. Revenez avec nous. Nous
« sommes ruinés et la table est frugale, mais nous
« n'en rougissons pas. Un hôte de plus ne porte
« pas malheur à une pauvre maison. Vous vous en
« contenterez et vous resterez, jusqu'à ce que les
« événements de l'Europe s'expliquent et que l'on
« voie clair au delà de nos montagnes. »

Je fus profondément attendri de tant de bonté.
Je rentrai au château comme si j'avais été de la
famille. On me donna une chambre haute d'où
mon regard plongeait sur le lac, des livres pour
occuper mes heures. Au bout de très-peu de jours,
mesdames de Vincy ne faisaient plus attention à
moi. J'étais comme le fils de l'une, comme le frère
de l'autre. Je les accompagnais tous les soirs dans
de longues promenades à pied sur les montagnes,
ou en barque sur le lac. J'avais envoyé acheter un
habit et un peu de linge à Genève. On me présenta chez quelques amis dans les environs. Comme

ces dames me voyaient souvent écrire ou crayonner,
elles me demandèrent quelques confidences de mes
rêveries. Je leur lus une ode à la liberté de l'Europe et quelques stances sur les Alpes, qui leur
parurent supérieures à l'idée qu'elles se faisaient
sans doute des talents d'un si jeune hôte. Elles
me prièrent de les relire à M. de Vincy, qui m'embrassa d'attendrissement aux accents d'indépendance pour sa patrie, et aux imprécations contre
la tyrannie de l'Empire. Il ne voulait pas croire
que ces vers fussent de moi. Je fus obligé, pour
le convaincre, d'en écrire quelques strophes de
plus sous ses yeux et sur des idées données par lui.

De ce jour, l'indulgence de cette noble famille
s'augmenta beaucoup pour moi, mais non ses bontés. Je vivais aimé et heureux dans cette maison
patriarcale, où la piété, la vie cachée et la charité
de mes hôtes me rappelaient la maison de ma mère.
Nous passions les soirées sur une longue et large
terrasse qui s'étend au pied du château, et d'où
l'on domine le bassin du lac, à causer des événements du temps, et à contempler les scènes cal-
mes et splendides où la lune promenait ses lueurs
au-dessus des eaux et des neiges.

VIII

On apercevait de là les cimes des arbres du parc
et les toits des pavillons du château de Coppet,
qu'habitait alors, sous les traits d'une femme, le
génie qui éblouissait le plus ma jeunesse. —

« Puisque vous cultivez tant votre esprit, me dit
« un soir madame de Vincy, vous devez être un
« des admirateurs de notre voisine, madame de
« Staël. » J'avouai avec chaleur ma passion pour
l'auteur de *Corinne*. Je vis que l'émotion de mon
âme et l'enthousiasme de mon admiration inspi-
raient un pli de dédain aux lèvres de M. de Vincy
et faisaient un peu de peine à sa femme. « Je vou-
« drais pouvoir vous conduire chez votre héroïne,
« me dit-elle; je connais beaucoup madame de
« Staël. J'aime son caractère. Je rends justice à
« sa bonté et à sa bienfaisance. Mais nous ne la
« voyons plus. Ses opinions et les nôtres nous sé-
« parent. Elle est fille de la Révolution par M. Nec-
« ker. Nous sommes de la religion du passé. Nous
« ne pouvons pas plus communier ensemble que
« la démocratie et l'aristocratie. Bien qu'en ce
« moment nous soyons unis par la haine commune
« contre Bonaparte, nous ne devons pas nous voir,
« car cette haine n'a pas le même principe. Nous
« détestons en lui la révolution qui nous à préci-
« pités de notre rang et de notre souveraineté à
« Berne. Elle déteste en lui la contre-révolution.
« Nous ne nous entendrions pas. Quant à vous,
« c'est différent. Madame de Staël est une gloire
« neutre qui brille sur tous les partis et qui doit
« fasciner un cœur de vingt ans. Vous devez dési-
« rer de la voir. Cependant vous nous feriez quel-
« que peine si vous alliez chez elle pendant que
« vous êtes chez nous. Nos amis ne compren-
« draient pas ces relations indirectes entre deux

« châteaux habités par deux esprits différents. »

IX

Je compris ces motifs, je ne cherchai point à
les réfuter; mon extrême timidité d'ailleurs devant la femme et devant le génie ne me laissait
pas envisager sans terreur une présentation à madame de Staël. Apercevoir et adorer de loin un
éclair de gloire sous ses traits, c'était assez pour
moi. J'eus ce bonheur.

J'appris, quelques jours après cet entretien,
que madame de Staël, accompagnée de madame
Récamier, qui se trouvait alors à Coppet, allait
souvent se promener le soir en calèche sur la
route de Lausanne. Je m'informai de l'heure habituelle de ces promenades. Elles variaient selon
les circonstances. Je résolus donc de passer une
journée entière sur la route, de peur de manquer
l'occasion. Je pris le prétexte d'une course sur le
Jura. Je sortis dès le matin, emportant un peu de
pain et un volume de *Corinne*, et je me mis en
embuscade sous un buisson, assis sur la douve,
les pieds dans le fossé de la grande route.

Les heures s'écoulèrent. Des centaines de voitures passèrent sur le grand chemin sans qu'aucune d'elles renfermât de femmes sur le visage
desquelles je pusse lire les noms de madame de
Staël et de madame Récamier. J'allais me retirer
triste et chagrin quand un nuage de poussière s'éleva
à ma droite sur la route du côté de Coppet. C'étaient

deux calèches découvertes attelées de chevaux ma-
gnifiques et qui roulaient vers Lausanne. Madame
de Staël et madame Récamier passèrent devant moi
avec la rapidité de l'éclair. A peine eus-je le temps
d'apercevoir à travers la poussière des roues une
femme aux yeux noirs qui parlait en gesticulant
à une autre femme dont la figure aurait pu servir
de type à la seule vraie beauté, la beauté qui
charme et qui entraîne. Quatre autres femmes
jeunes et belles aussi suivaient dans la seconde
voiture. Aucune d'elles ne fit attention à moi. Je
suivis longtemps des yeux la trace fuyante des
voitures. J'aurais bien voulu suspendre la course
des chevaux, mais madame de Staël était bien loin
de se douter que l'admiration la plus passionnée
s'élevait vers elle des bords poudreux du fossé. Il
ne me resta de sa personne qu'une image indécise
et confuse qui ne fixa rien dans mon admiration.

La figure ravissante de madame Récamier s'y
grava davantage. L'impression du génie s'oublie;
l'impression de l'attrait est impérissable. La beauté
a un éclair qui foudroie. Celle de madame Récamier n'était si puissante et si achevée que parce
qu'elle était l'enveloppe modelée sur son intelligence et sur son âme. Ce n'était pas son visage
seulement qui était beau, c'était elle qui était
belle. Cette beauté, qui était alors du roman, sera
un jour de l'histoire. Aussi rayonnante qu'Aspasie, mais Aspasie pure et chrétienne, elle fut l'objet du culte d'un plus grand génie que Périclès.
Je ne connus donc jamais madame de Staël, mais

plus tard je la reconnus dans sa fille, madame la
duchesse de Broglie. C'était peut-être ainsi qu'il
fallait la connaître pour la contempler sous sa
plus sublime incarnation.

Dans madame de Broglie, toute cette passion
était devenue beauté, tout ce feu était devenu
chaleur, tout ce génie était devenu vertu. Mourir
en laissant une telle trace de soi au monde, c'é-
tait, pour madame de Staël, une apothéose vivante que le ciel devait à sa gloire. Ce fut en 1819
que je vis pour la première fois madame la duchesse de Broglie. Elle m'honora, jusqu'à sa mort,
de bontés dont le souvenir me sera toujours saint.
J'ai consacré à sa mémoire vénérée quelques-uns
des derniers vers que j'ai écrits. La poésie, à une
certaine époque de la vie, n'est plus qu'un vase
funéraire qui sert à brûler quelques parfums pour
embaumer de saintes mémoires. Celle de madame
de Broglie n'en avait pas besoin. Elle est à elle-
même son parfum. Elle s'embaume de sa propre
vertu.

X

Cependant je commençais à sentir une certaine
pudeur de rester si longtemps à charge à une maison où j'étais étranger et inconnu. Je craignais
que ma présence trop prolongée ne fût indiscrète
et n'imposât même à M. et à madame de Vincy
quelque gêne. La fortune de cette respectable famille ne paraissait pas correspondre alors à la gé-
nérosité de son cœur. Je m'en apercevais malgré

la noblesse de leurs procédés. Je ne voulais pas
ajouter, par la dépense de plus dont j'étais l'occasion, à ces embarras de fortune et à ces tiraillements d'existence, dont je connaissais trop les
symptômes dans ma propre famille pour ne pas
les discerner chez les autres. Je les voyais souffrir
et je souffrais pour eux. C'étaient des cœurs de
roi aux prises avec les nécessités de la pauvreté.
Le ciel leur aurait dû la fortune de leurs grands
cœurs.

XI

Je pris le prétexte d'un voyage dans les montagnes méridionales de la Suisse. Je quittai le château, non sans tristesse dans les yeux de mes hôtes
et dans les miens. Je me retournai souvent pour
le regretter et pour le bénir des yeux. Je parcourus seul, à pied, et dans le costume d'un ouvrier
qui voyage, les plus belles et les plus sauvages
parties de l'Helvétie. Après trois semaines de cette
vie errante, je revins au bord du lac de Genève,
et je m'arrêtai dans la partie de la côte qui fait
face au pays de Vaud, et que J.-J. Rousseau a si
justement préférée au reste de ses bords. Je me
mis en pension, pour quelques sous par jour, chez
un batelier du Chablais, dont la maison un peu isolée
tenait à un petit village. Le métier de cet homme
était de passer une ou deux fois par semaine les
paysans d'une rive à l'autre rive, de pêcher dans le
lac et de cultiver un peu de champs. Il avait pour
toute famille une fille de vingt-cinq ans qui tenait

son ménage, et qui donnait à manger aux pêcheurs
et aux passants. A environ trois cents pas de la
maison habitée par ce bravè homme et par sa
fille, il y avait une autre maison inhabitée qui
leur appartenait aussi, et qui servait seulement
de temps en temps à loger quelques voyageurs ou
quelques douaniers en observation.

La maison ne contenait qu'une chambre au-
dessus d'une cave. Je la louai. Elle était située
dans un terrain plat, à la lisière d'une longue forêt de châtaigniers, et bâtie sur la grève même
du lac, dont les flots bruissaient contre le mur.
Ma chambre avait pour tout meuble un lit sans
matelas, sur lequel on étendait du foin ou de la
paille, des draps, une couverture, une chaise et
un banc. L'appui de la fenêtre me servait de table
à écrire. Je m'y installai.

J'allais deux fois par jour, le matin et le soir,
prendre mes repas au village chez le batelier et
avec lui. Du pain bis, des œufs, du poisson frit,
du vin acide et âpre du pays, composaient pour
nous ce repas. Le batelier était honnête, sa fille
était obligeante et attentive. Après quelques jours
de vie en commun, nous étions amis. J'envoyais
le batelier chercher une fois la semaine des livres
et des nouvelles au cabinet littéraire de Lausanne
ou de Nyon. J'avais de l'encre, des crayons, du
papier. Je passais les journées de pluie à lire et à
écrire dans ma chambre, les journées de soleil à
suivre sur la grève les longues sinuosités des
bords du lac ou les sentiers inconnus dans les

bois de châtaigniers. Le soir, je restais longtemps
après souper à user les heures de l'obscurité dans
la maison du batelier, causant avec lui, avec sa
fille, quelquefois avec l'instituteur et le curé du
village, qui s'attardaient auprès de nous. Rentré
dans ma chambre, j'y retrouvais avant le sommeil
le murmure assoupissant du lac qui roulait et re-
prenait les cailloux à chaque lame.

Ma chambre était si près de l'eau, que, les jours
de tempête, les vagues, en se brisant, jetaient
leur écume jusque sur ma fenêtre. Je n'ai jamais
tant étudié les murmures, les plaintes, les colères,
les tortures, les gémissements et les ondulations
des eaux que pendant ces nuits et ces jours passés
ainsi tout seul dans la société monotone d'un lac.
J'aurais fait le poëme des eaux sans en omettre la
moindre note. Jamais non plus je n'ai tant joui
de la solitude, ce linceul volontaire de l'homme
où il s'enveloppe pour mourir voluptueusement à
la terre. Je voyais le matin briller de loin au soleil, à sept lieues de moi, sur la rive opposée, le
large et blanc château de Vincy; j'aurais pu y
retourner si j'avais voulu abuser encore de la tou-
chante hospitalité de ses maîtres. Je me contentai
d'écrire une lettre de remercîment à mes hôtes,
en les informant de ma nouvelle demeure.

XII

Toutes les communications avec la France s'é-
taient fermées à cause de la guerre. Je ne savais

pas si j'y rentrerais jamais. J'étais fermement résolu à ne jamais y rentrer pour subir l'oppression
de pensée et l'asphyxie politique dans lesquelles je
me sentais étouffer par la brutalité de l'Empire.
Je vivais de rien. Cependant mon voyage en Suisse
avait un peu allégé le poids de ma ceinture de
cuir, qui ne contenait que vingt-cinq louis à mon
départ de France. Je songeais sérieusement au
parti que je pouvais tirer de ma jeunesse et de
mes études si je renonçais à mon pays. Je m'arrêtai à l'idée d'entrer pour quelque temps comme
maître de langue ou comme instituteur dans une
famille russe, de passer ensuite en Crimée, en
Circassie, et de là en Perse, pour y chercher le
climat d'Orient, sa poésie, ses combats, ses aventures et ses fortunes merveilleuses, que l'imagination de vingt ans entrevoit toujours dans le
mystère et dans le lointain. Ce fut sous l'empire
de ces impressions que j'écrivis cette romance qui
n'a jamais été insérée dans mes œuvres :

L'HIRONDELLE.

A MADEMOISELLE DE VINGY.

Pourquoi me fuir, passagère hirondelle ?
Viens reposer ton aile auprès de moi.
Pourquoi me fuir ? c'est un cœur qui t'appelle.
Ne suis-je pas voyageur comme toi ?

Dans ce désert le destin nous rassemble.
Va, ne crains pas d'y nicher près de moi.
Si tu gémis, nous gémirons ensemble.
Ne suis-je pas isolé comme toi ?

Peut-être, hélas ! du toit qui t'a vu naître,
Un sort cruel te chasse ainsi que moi.
Viens t'abriter au mur de ma fenêtre.
Ne suis-je pas exilé comme toi ?

As-tu besoin de laine pour la couche
De tes petits frissonnant près de moi ?
J'échaufferai leur duvet sous ma bouche.
N'ai-je pas vu ma mère comme toi ?

Vois-tu là-bas, sur la rive de France,
Ce seuil aimé qui s'est ouvert pour moi ?
Va ! portes-y le rameau d'espérance.
Ne suis-je pas son oiseau comme toi ?

Ne me plains pas. Ah ! si la tyrannie
De mon pays ferme le seuil pour moi,
Pour retrouver la liberté bannie,
N'avons-nous pas notre ciel comme toi ?

J'adressai cette romance, par le batelier, à mademoiselle de Vincy. Ce fut mon adieu à mes hôtes.

Noble et hospitalière famille ! Le souvenir de
ses bontés ne m'a jamais quitté depuis. J'ai toujours regretté de n'avoir pu lui rendre, dans la
personne de quelques-uns de ses membres, ce
que j'en ai reçu de services, d'abondance de cœur
et de fraternité ! Le père et la mère sont morts
avant que la fortune soit revenue consoler et re-
lever leur maison. Maintenant elle est redevenue,
dit-on, riche et prospère. Que Dieu bénisse dans
les enfants la mémoire de la mère et du père !

Je n'ai jamais repassé sur la route de Genève à
Lausanne sans lever les yeux sur le château de
Vincy et sans recueillir ma pensée dans un souve-
nir et dans un regret. Il fut pendant quelques se-

maines, pour moi, comme une maison paternelle.
Quelque chose du sentiment qu'on porte au toit
de sa famille s'y attache pour mon cœur. De
toutes les plantes dont on pare aujourd'hui les
jardins et le seuil de ce château, la plus vivace et
la plus durable, c'est la reconnaissance du poëte
pour le seuil de l'hospitalité.

XIII

..... Je revins à cette époque à Paris reprendre
mon service militaire dans la garde du roi. C'est
alors que je me retrouvai avec un de mes amis
d'enfance qui était aussi entré dans les gardes du
corps. Il s'appelait le comte Aymon de Virieu. On
l'a déjà entrevu en Italie avec moi. Il fut le premier et le meilleur de mes amis, ou plutôt ce
nom banal d'amitié rend imparfaitement la nature du sentiment qui nous lia dès l'enfance. C'é-
tait quelque chose comme les liens du sang ou
comme la parenté de l'âme. Je fus son frère et
il fut le mien. En le perdant, j'ai perdu la moitié
de ma propre vie. Ma pensée ne retentissait pas
moins en lui qu'en moi-même. Le jour de sa
mort, il s'est fait un grand silence autour de
moi. Il m'a semblé que l'écho vivant de tous les
battements de mon cœur était mort avec lui. Je
me sens encore, je ne m'entends plus.

XIV

Aymon de Virieu était fils du comte de Virieu,
un des hommes éminents du parti constitutionnel

de l'Assemblée constituante, ami de Mounier, de
Tollendal, de Clermont-Tonnerre et de tous ces
hommes de bien, mais d'illusion, qui voulaient
réformer la monarchie sans l'ébranler. On ne ré-
forme que ce qu'on domine. Quand ils eurent
mis le trône dans les mains d'une assemblée, ils
ne purent l'en arracher qu'en morceaux. Aussi le
repentir ne tarda-t-il pas à les saisir, et ils se
tournèrent, avant qu'elle fût achevée, contre la
révolution qu'ils avaient faite. Les uns émigrè-
rent, les autres s'appelèrent les monarchistes et
essayèrent de former ces partis intermédiaires qui
sont écrasés entre les deux camps. Les plus har-
dis comprirent les chances de l'anarchie et en
profitèrent pour soulever les provinces contre la
Convention.

Du nombre de ces derniers fut le comte de Virieu. En quittant la tribune, il prit les armes.
Lyon s'insurgeait contre la tyrannie. Il vit
dans cette insurrection toute municipale quelque
chance d'entraîner cette ville et le Midi dans un
mouvement involontaire de royalisme et de restauration monarchique. Il y accourut. On lui
donna le commandement de la cavalerie lyonnaise
pendant le siége de cette ville par l'armée répu-
blicaine. Dans la nuit qui précéda la reddition de
la place, il se mit à la tête de la cavalerie et
tenta de se faire jour à travers les troupes de la
Convention. Il y réussit; mais, en sauvant une
partie de ses compagnons de fuite, il fut tué lui-
même à quelques lieues de Lyon. On ne put re-

trouver son corps. Il n'a reparu de lui que son
nom, qui est resté gravé dans nos annales parmi
les fondateurs de notre Révolution.

XV

Après sa mort, sa veuve, restée dans les murs
de Lyon avec son fils, n'échappa que par la fuite
à l'échafaud. Vêtue en mendiante, elle erra dans
les montagnes du Dauphiné. Elle y confia son enfant à une paysanne dévouée et fidèle, qui éleva
le fils du proscrit parmi les siens. Madame de Virieu passa la frontière et vécut du travail de ses
mains en Allemagne, espérant toujours le retour
de son mari dont la mort ne lui était pas connue.
C'était une femme d'un caractère héroïque et que
son extrême piété tournait au mysticisme religieux le plus tendre et le plus exalté. Son amour
pour la mémoire de son mari allait jusqu'à la vision extatique. Sa longue vie depuis le jour où
elle le perdit jusqu'à sa mort n'a été qu'une
larme, une espérance et une invocation. Rentrée
en France, ayant retrouvé son fils et ses filles,
recueillant çà et là quelques débris de sa fortune
considérable, elle s'était enfermée dans une terre
du Dauphiné; elle y menait une vie toute mo-
nastique, vivifiée seulement par ses bonnes œuvres et par sa tendresse pour ses enfants. Les jésuites, sous le nom de Pères de la Foi, venaient
de fonder un collége sur les frontières de la
France et de la Savoie, à Belley. Ce collége gran-
dissait de renommée au milieu de tous les débris

d'institutions enseignantes dispersées par la Révolution. Il contrastait heureusement aussi avec cette éducation au tambour des lycées impériaux, où Bonaparte, empereur, voulait mettre la pensée de toute la France en uniforme et faire un peuple de soldats au lieu d'un peuple de citoyens. Les familles nobles, ennemies de l'Empire, les familles religieuses de la bourgeoisie envoyaient de France, de Savoie, d'Allemagne et d'Italie leurs fils dans cette institution naissante. Trois cents jeunes gens de tous les pays y recevaient une éducation à la fois pieuse et libérale. Je ne suis pas un partisan de l'éducation du siècle par le clergé; je déteste la théocratie, parce qu'elle revendique la tyrannie au nom du Dieu de liberté et qu'elle la perpétue en la sacrant. Je redoute pour l'esprit humain l'influence du sacerdoce dans les gouvernements; mais aucune de ces considérations ne m'empêchera de reconnaître et de proclamer la vérité. On ne me fera jamais nier le bien où il est.

Tant que l'esprit du siècle ne deviendra pas une foi religieuse qui dévore à son tour les âmes, les établissements laïques lutteront inégalement avec les établissements du sacerdoce. Il faut que l'État devienne une religion aussi. S'il n'est qu'une administration morte, il est vaincu. Il n'y a pas de budget qui vaille un grain de foi pour acheter les âmes.

Madame de Virieu se hâta de placer son fils dans le collège de Belley. Ma mère m'y amena.

Nous nous y rencontrâmes. Nos deux caractères avaient en apparence peu d'analogie. Il était gai, j'étais triste; turbulent, j'étais calme; railleur, j'étais sérieux; sceptique, j'étais pieux. Mais il avait un cœur très-tendre sous son apparente rudesse, et un esprit supérieur qui aspirait pour ainsi dire de haut toute chose sans avoir la peine de rien regarder. Je ne le recherchai pas; ce fut lui qui me rechercha longtemps sans se rebuter de mon peu de goût pour son étourderie spirituelle et de mon peu d'empressement à répondre à son amitié.

Cependant, à mesure que nous grandissions et que nos deux intelligences s'élevaient un peu au-dessus de la foule de nos camarades, notre intimité s'accrut davantage. Il s'établit entre lui et moi une espèce de confidence d'esprit par-dessus la tête de nos condisciples et même de nos professeurs. Il n'avait que moi pour l'entendre. Cet isolement du vulgaire nous jeta davantage dans l'entretien l'un de l'autre. Se bien comprendre, c'est presque s'aimer. Notre amitié un peu froide fut donc longtemps d'esprit avant d'être de cœur. Ce ne fut qu'après être sortis du collége, et en nous retrouvant plus tard dans l'âge des passions et des attendrissements, que nous nous aimâmes d'une complète et sensible affection.

A cette époque, Virieu, plus âgé que moi de quelques années, touchait à l'adolescence. C'était une tête blonde et bouclée du Nord avec un front proéminent et sculpté à grandes bosses comme par le pouce de Michel-Ange. On y lisait plus de

puissances diverses que de régularité et d'harmonie dans ces nombreuses facultés. Ses yeux étaient
bleus, mais aussi brillants que des yeux noirs.
C'était là qu'étaient reflétés toute la grâce et tout
le rayonnement de son âme. Le reste de sa figure
était de la force mêlée d'un peu de rudesse. Le
regard tremblait comme de la lumière dans l'eau.
Son nez, comme celui de Socrate, était relevé et
renflé aux narines par les muscles fins de l'ironie. Sa bouche, trop ouverte, était celle de l'orateur qui lance la parole plutôt que celle du philosophe qui la médite.

Il avait dans l'attitude, dans le geste, dans le
mot, un certain dédain de la foule et un sentiment intérieur de supériorité de race et de fierté
de naissance qui rappelait ces habitudes de familles nobles où l'on regarde du haut en bas. Son
esprit était si vaste, si plein, si disponible, qu'il
était pour ainsi dire débordant et embarrassé du
trop grand nombre de ses aptitudes, stérilisé par
l'excès même de fécondité, comme ces hommes
à qui une imagination trop active fournit trop
de mots à la fois sur les lèvres et qui, par excès
même de paroles, finissent par balbutier.

Il balbutiait en effet et bégayait dans son enfance. Sa parole ne devint calme et claire que
quand le bouillonnement de la jeunesse fut apaisé.
Bien qu'il fût presque toujours le dernier dans
toutes les classes, ses camarades et ses maîtres le
regardaient d'un commun accord comme le premier. Il était entendu qu'il l'aurait été s'il l'avait

voulu; mais son esprit était rarement où on voulait le conduire; il était aux mathématiques quand nous étions au latin, à l'histoire quand nous expliquions les poëtes, aux poëtes quand il s'agissait des philosophes. On lui passait tout cela. Il arrivait autrement, mais il arrivait toujours; seulement il n'arrivait pas à l'heure. Son esprit était à libre allure; il ne pouvait marcher dans l'ornière de personne; il se traçait la sienne au gré de ses caprices; il était né pour les solitudes de l'esprit.

XVI

S'il étudiait moins que nous, il pensait beaucoup plus. Son guide était Montaigne, de qui sa mère descendait. Ce génie *amuseur* et *douteur* avait passé en partie avec le sang dans ce jeune homme. Le livre de Montaigne était son catéchisme. Dès l'âge de douze ans, il savait par cœur presque tous les chapitres de cette encyclopédie du scepticisme. Il me les récitait sans cesse. Je combattais de toutes mes forces ce goût exclusif pour Montaigne. Ce doute qui se complaît à douter me paraissait infernal. L'homme est né pour croire ou pour mourir. Montaigne ne peut produire que la stérilité dans l'esprit qui le goûte. Ne rien croire, c'est ne rien faire.

Le cynisme aussi des expressions de Montaigne heurtait et froissait la délicatesse de ma sensibilité. La saleté des mots est une souillure de l'âme. Un mot obscène faisait sur mon esprit la même

impression qu'une odeur infecte sur mon odorat.
Je n'aimais de Montaigne que cette nudité charmante du style qui dévoile les formes gracieuses
de l'esprit et laisse voir jusqu'aux palpitations du
cœur sous l'épiderme de l'homme. Mais sa philosophie me faisait pitié. Ce n'est pas la philosophie
du pourceau, car il pense. Ce n'est pas la philosophie de l'homme, car il ne conclut rien. Mais
c'est la philosophie de l'enfant qui joue avec tout.

Or, ce monde n'est pas un enfantillage. L'œuvre
de Dieu vaut bien qu'on la prenne au sérieux, et
la nature humaine est assez noble et assez malheu-
reuse pour que, si on ne la prend pas en respect,
on la prenne au moins en pitié. La plaisanterie
en pareille matière n'est pas seulement cruelle,
elle est une impiété.

XVII

Voilà ce que je disais dès lors à Virieu, et ce que
plus tard il s'est dit mieux que moi, quand les
notes graves de la passion et du malheur résonnè-
rent enfin dans son âme. Il creusait trop la pensée
pour ne pas arriver au fond, c'est-à-dire à Dieu.

Quelques années après nos études finies, nous
nous trouvâmes à Chambéry; je m'y arrêtai un
jour ou deux pour le voir en allant pour la première fois en Italie. Notre amitié se renoua avec
plus de connaissance de nous-mêmes et avec une
mutuelle inclination d'esprit plus prononcée que
jamais. Trois ans de séparation nous avait appris
à nous regretter. Nous nous jurâmes une fraternité

sérieuse et inaltérable. Nous nous sommes tenus
parole. Depuis ce jour, nous ne nous sommes plus
quittés de cœur et d'esprit.

XVIII

Nous avons vécu à deux.. Il vint me rejoindre à
Rome six mois après. Nous voyageâmes longtemps
ensemble; nous achevâmes l'un à l'autre notre
éducation : ce qui manquait à l'un, l'autre le lui
donnait. Dans cet échange quotidien de nos facultés, il apportait l'idée, moi le sentiment ; la
critique, moi l'inspiration ; la science, moi l'i-
magination. Il n'écrivait jamais rien; il était
comme ces esprits délicats qui ne se satisfont jamais de leur œuvre et qui préfèrent la garder éter-
nellement à l'état de conception dans leur sein
plutôt que de la produire imparfaite et de profaner
leur idéal en le manifestant. Ce sont les plus grands
esprits. Ils désespèrent d'atteindre jamais par la
parole, par l'art et par l'action à la grandeur de
leurs pensées. Ils vivent stériles; mais ce n'est
pas par impuissance : c'est par excès de force et
par la passion maladive de la perfection. Ces hommes sont les vierges de l'esprit. Ils n'épousent que
leur idéal et meurent sans rien laisser d'eux à la
terre. C'est ainsi que Virieu est mort en emportant
un génie inconnu avec lui.

XIX

Rentrés en France, nous ne nous quittâmes
presque plus. A Paris, nous habitions ensemble.

L'été, j'allais passer des mois entiers au sein de sa famille; dans la solitude de sa demeure en Dauphiné, entre sa mère, toute consacrée à Dieu, et sa plus jeune sœur, toute consacrée à sa mère et à lui. Cette sœur, son nom était Stéphanie, quoique jeune, riche et charmante, avait dès lors renoncé au monde et au mariage pour se dévouer tout entière à sa famille et à la peinture, dont elle avait le génie. Elle est le Greuze des femmes.

Nous passions les longues journées de l'automne à lui faire des lectures pendant qu'elle peignait, ou à concevoir pour elle des sujets de tableaux auxquels la rapide improvisation de son crayon donnait à l'instant la forme et la vie. Elle adorait son frère et elle s'intéressait à moi à cause de lui. Madame de Virieu, assise dans un grand fauteuil, au coin de la cheminée, silencieuse et recueillie dans la tristesse et dans la prière intérieure, présidait ces studieuses soirées de famille ; elle jetait de temps en temps un regard tendre et un sourire distrait de notre côté, comme pour nous dire : « Je ne participe à une joie de la terre « que par vous. »

La vie calme et innocente de cette sainte maison me rafraîchissait et me reposait le cœur presque toujours agité ou fatigué de passions.

C'était le recueillement de mes jeunes années.

Au moment de la chute de l'Empire, que Virieu et tous les jeunes hommes de ce temps ne détestaient pas moins que moi, nous entrâmes ensemble dans la maison militaire du roi. Nous en sortîmes

ensemble quand cette garde fut licenciée. Nous
entrâmes ensemble dans la carrière diplomatique.
Il suivit le duc de Richelieu en Allemagne. Il fut
attaché à l'ambassade du duc de Luxembourg au
Brésil. Il accompagna M. de la Ferronnays au con-
grès de Vérone. Il fut secrétaire de légation à Turin et à Munich. Des peines secrètes altérèrent sa
santé. Il quitta la diplomatie et rentra dans sa famille. Ces absences, que nous remplissions d'une
correspondance de tous les jours, n'avaient relâché
en rien les liens de notre amitié. Nous nous entendions de plus loin, voilà tout. Notre bourse était
commune comme l'étaient nos pensées. Combien
de fois n'a-t-il pas comblé de sa fortune les in-
suffisances ou les désastres de la mienne ! Il ne
savait pas si je le rembourserais jamais, il ne s'en
inquiétait pas. Il aurait dépensé son âme pour moi
sans compter avec sa propre vie. Comment aurait-
il compté avec sa fortune ?

Moi-même je ne lui faisais pas l'affront d'être
reconnaissant. Ma reconnaissance, c'était de ne
pas compter et de ne rien séparer entre nous.
Combien n'y a-t-il pas à lui dans ce qui est aujourd'hui à moi ? Esprit, âme, cœur, fortune, Dieu
seul pourrait dire : « Ceci est de l'un, ceci est de
« l'autre. » Les hommes ainsi unis devraient pouvoir confondre leur mémoire de même qu'ils ont
confondu leur vie, et s'appeler du même nom dans
la postérité comme un être collectif. Cela serait
à la fois plus vrai et plus doux. Pourquoi deux
noms où il n'y eut, en réalité, qu'un seul homme ?

XX

Il épousa, quelques années après, une jeune personne dont la grâce modeste, la vertu et l'attachement passionnés ensevelirent pour jamais sa vie dans l'obscurité d'une félicité domestique. Son esprit si supérieur ne faiblit pas, mais il s'abattit du nuage sur le sol. Son âme, autrefois curieuse et sceptique, crut avoir trouvé la vérité dans le bonheur, et le repos dans la foi de sa mère. Il se renferma dans l'amour de sa femme et de ses enfants. Il borna sa vie et n'en franchit plus la borne. Son cœur ne sortait de cette enceinte de famille que par l'amitié pour moi qui s'était conservée en lui tout entière. Du bord où il s'était assis, il me regardait marcher, monter ou tomber. Il croyait plus au passé qu'à l'avenir, comme tous les hommes fatigués du temps. Il s'intéressait peu aux agitations présentes du monde politique. Il ne les regardait que de côté. Il aimait toujours la liberté, mais il ne l'attendait que de Dieu, comme il ne voyait de stabilité que dans la foi. Le mysticisme de sa mère jetait ses consolantes illusions sur sa piété.

Il m'écrivait souvent sur les affaires du temps. Ses lettres étaient tristes et graves, comme la voix d'un homme qui parle du fond du sanctuaire à ceux qui sont sur la place publique. Une fois, je fus quinze jours sans recevoir de ses lettres. J'en reçus une de sa sœur qui m'apprenait sa fin. Il était mort dans les bras de sa femme en bénissant

ses fils et en me nommant parmi ceux qu'il re-
grettait de laisser sur la terre et qu'il désirait retrouver ailleurs. La religion avait immortalisé
d'avance son dernier soupir. Sceptique en com-
mençant le chemin, à mesure qu'il avait avancé
dans la vie il avait vu plus clair. A l'extrémité de
la route, il ne doutait plus. Il touchait à Dieu !

Je perdis en lui le témoin vivant de toute la
première moitié de ma vie. Je sentis que la mort
déchirait la plus chère page de mon histoire; elle
est ensevelie avec lui.

XXI

Ce fut en Dauphiné, dans les ruines du vieux
château de sa famille, appelé Pupetières, que j'é-
crivis pour lui la méditation poétique intitulée *le
Vallon*. Ces vers rappellent le site et les sentiments
que cette solitude, ces bois et ces eaux faisaient
alors murmurer en nous. Si l'on écrivait le murmure des bois et des eaux, on aurait mieux que ces
faibles strophes. L'âme du poëte est une eau cou-
rante qui écrit ses murmures et qui les chante;
mais nous les écrivons avec les notes de l'homme,
et la nature avec les notes de Dieu.

Après avoir quitté définitivement le service, je
rentrai dans la maison paternelle et je repris mes
voyages. Ils me portaient souvent vers les Alpes.
C'est ici le lieu de parler d'un homme qui m'y at-
tirait le plus. Cet homme était le baron Louis de
Vignet. Il est mort, il y a peu d'années, ambassa-
deur de Sardaigne à Naples. Sa tombe renferme

une des plus chères reliques de la vie de mon cœur.
Que peut l'homme pour l'homme qui n'est plus ?
Rien qu'une froide épitaphe. La pierre garde la
mémoire plus longtemps que le cœur ; c'est pour
cela qu'on grave un nom et un mot sur un sépulcre. Mais, quand la génération est éteinte, les hommes qui passent ne comprennent plus ni le mot
ni le nom. Il faut donc les expliquer.

Louis de Vignet, que je connus au collége, était
fils d'un sénateur de Chambéry, et neveu par sa
mère du comte Joseph de Maistre, le philosophe,
et du comte Xavier de Maistre, le Sterne du siècle, mais le Sterne plus sensible et plus naturel
que l'écrivain anglais.

Louis de Vignet et moi nous étions, au collége
des jésuites, les deux enfants rivaux qui se dispu-
taient toutes les palmes que l'orgueil imprudent
des maîtres se plaisait à présenter à l'émulation
de leurs condisciples. Plus âgé que moi de quelques années, d'une pensée plus mûre, d'une volonté plus forte à son œuvre, il l'emportait souvent. Je n'étais point jaloux ; la nature ne m'avait
pas fait envieux. Quant à lui, il paraissait peu
satisfait de la victoire et humilié des défaites.
C'était l'Italien et le Français aux prises. Nos deux
natures présentaient dans le visage comme dans le
caractère le contraste de ces deux types nationaux.
Vignet était un grand jeune homme maigre, un
peu voûté, penchant sur sa poitrine un front couvert de cheveux noirs. Son teint était pâle et un
peu cuivré ; son œil enfoncé se cachait sous de

longs cils; son nez aquilin et effilé était sculpté
avec une admirable finesse. Ses lèvres minces se
desserraient rarement. Une expression habituelle
d'amertume et de dédain déprimaient légèrement
les coins de sa bouche. Son menton était coupé
à angles droits comme la tête du cheval arabe.
L'ovale de sa figure était allongé, flexible et gracieux. Il parlait peu. Il se promenait seul. Il se
sentait par l'âge et par l'énergie du caractère au-
dessus de nous. Ses camarades ne l'aimaient pas.
Ses maîtres le craignaient. Il y avait du mécon-
tent dans son silence et du conspirateur dans sa
solitude.

Il ne dissimulait pas son mépris pour les exer-
cices religieux auxquels on nous assujettissait. Il
se vantait de son incrédulité et presque de son
athéisme. Je me sentais de l'admiration pour son
talent, de la compassion pour son isolement,
mais peu de penchant pour sa personne. Il y avait
dans son regard quelque chose du *Faust* allemand
qui fascinait la pensée comme une énigme, arrachait l'admiration, mais qui repoussait l'intimité.

Aucun des hommes que j'ai connus n'avait reçu
de la nature de si puissantes facultés. Son esprit
était un instrument aiguisé et fort dont sa volonté
se servait à tout sans que rien résistât. Il avait le
don naturel du style, comme si sa plume eût
suivi le calque des plus grands écrivains. Il était
naturellement antique dans le discours, poëte harmonieux et sensible dans les vers, philosophe
hardi et dominateur avant l'âge de la pensée.

Nous pâlissions tous devant lui dans nos compositions. Seulement, il péchait par excès de réminiscences et par un peu d'apprêt. Le naturel et l'improvisation plus vraie me donnaient quelquefois l'avantage. Je ne le dépassais que par l'absence de quelques défauts, mais j'étais loin de me prévaloir de ces victoires, et je sentais plus que personne sa supériorité d'âge, de travail et de talent.

XXII

Il sortit de ses études trois ans avant moi. Il laissa un nom parmi nous comme cette trace qu'un homme supérieur laisse en traversant une foule et qui ne se referme que longtemps après. Nous en parlions avec une admiration mêlée d'un peu de terreur. Nous le croyions appelé à quelque haute mais sinistre vocation. Nous en attendions je ne sais quoi de grand. C'était comme le pressentiment d'une destinée. Nous apprîmes qu'il faisait ses études de droit à l'école de Grenoble; que là, comme ailleurs, il était admiré mais peu aimé; qu'il vivait dans un fier dédain de la foule; qu'il ne donnait dans aucune des sottes vanités de la jeunesse de ces écoles; qu'il se faisait même une gloire stoïque de sa pauvreté, comme Machiavel enfant, et qu'on le rencontrait souvent dans la rue en plein jour portant lui-même ses souliers percés à raccommoder à l'échoppe voisine, ou mangeant fièrement son morceau de pain, un livre sous le bras. Cette fierté de sobriété et de mâle indépendance bravait le mépris de ses camarades et dénotait une âme plus forte que leur raillerie. Mais on ne le raillait pas, on le respectait, et les preuves qu'il donnait dans l'occasion de ses talents comme légiste et comme orateur le plaçaient déjà très-haut dans l'opinion de la ville.

Il y avait six ans que nous nous étions séparés, quand le hasard nous réunit à Chambéry, où je passais quelques jours en revenant d'une course dans les Alpes. J'étais alors dans toute l'ébullition de mes plus vertes et de mes plus âpres années. Il n'y avait ni assez d'air dans le ciel, ni assez de feu dans le soleil, ni assez d'espace sur la terre pour le besoin d'aspiration, d'agitation et de combustion qui me dévorait. J'étais une fièvre vivante; j'en avais le délire et l'inquiétude dans tous les membres. Les habitudes régulières de mes années d'étude et la douce piété de ma mère et de nos maîtres étaient loin de moi. Mes amitiés se profanaient au hasard comme mes sentiments. J'étais lié avec ce qu'il y avait de plus évaporé et de plus turbulent, sous des formes heureuses, dans la jeunesse de mon pays et de mon époque. J'allais aux égarements par toutes les pentes, et cependant ces égarements me répugnaient. Ils n'étaient que d'imitation et non de nature. Quand j'étais seul, la solitude me purifiait.

C'est dans ces dispositions que je rencontrai Vignet. J'eus peine à le reconnaître. Jamais si peu d'années n'avaient opéré un changement si complet dans une physionomie. Je vis un jeune homme au maintien modeste, à la démarche lente et pensive, au timbre de parole sonore et caressant, à la figure reposée et harmonieuse, voilée seulement d'une ombre de mélancolie. Il vint à moi plutôt comme un père à son enfant que comme un jeune homme à son camarade. Il m'embrassa avec attendrissement. Il s'accusa de mauvaises jalousies que nos rivalités de succès dans les lettres lui avaient autrefois inspirées; il me dit qu'il ne lui en restait dans l'âme que la honte, le repentir et le désir passionné de se lier pour la vie avec moi d'une indissoluble amitié. Ses traits, ses gestes, la limpidité de ses yeux bleus correspondaient à ses paroles. Mon cœur s'ouvrit pour accueillir les épanchements du sien. Je sentais que cet homme grave, austère et tendre, retrempé dans la retraite au fond des montagnes, ayant eu la force de se mettre à part du courant de sottises et de légèretés qui nous entraînait, original dans le bien, tandis que nous nous efforcions d'être de misérables copistes dans le mal, valait mieux que mes amis de plaisirs.

XXIII

Une onction charmante coulait de ses lèvres. Il me raconta son changement d'esprit en montant le matin, au lever du soleil, le petit vallon de châtaigniers qui conduit aux Charmettes, ce berceau fleuri du premier amour et du premier

génie de Jean-Jacques Rousseau. Il y avait en ce
moment dans Vignet, dans sa taille élancée mais
affaissée sur elle-même, dans sa tête inclinée en
avant, dans les boucles de ses cheveux noirs sortant de son chapeau par derrière et contrastant
avec la pâleur de ses joues creuses, dans sa démarche lente et recueillie, et jusque dans son habit noir, étroit, râpé, boutonné sur sa poitrine,
enfin dans le son tendre mais un peu découragé
de sa voix, une parfaite ressemblance avec l'image
que je m'étais faite du *Vicaire savoyard*, cette
pittoresque création de Rousseau, ce Platon des
montagnes dont le cap Sunium était un pauvre
village du Chablais.

XXIV

Le père de Vignet était pauvre; la Révolution
lui avait enlevé la dignité et les appointements
de sénateur. Il s'était retiré dans le seul petit domaine qu'il possédât à une lieue de Chambéry, auprès d'un joli village appelé Servolex. Il y était
mort quelques années après, pendant que son
fils était au collège avec moi.

La mère de mon ami, femme adorable et ado-
rée de ses enfants, avait vendu, année par année,
quelques champs de l'héritage pour achever l'é-
ducation de ses deux fils et d'une fille. L'aîné de
ses fils, que je ne connaissais pas, vivait à Genève et y étudiait l'administration. La pauvre
mère vivait seule avec sa fille à Servolex, dans ce

dernier débris des biens de la famille. Elle était
tombée en maladie de langueur, par suite du découragement de ses espérances, de la décadence
de sa maison et de la mort de son mari. Se sentant mourir elle-même, elle avait rappelé son fils
Louis, de Grenoble, pour la suppléer dans l'administration du petit bien et pour être le protecteur de sa sœur.

XXV

Vignet était accouru. La vue de sa mère mou-
rante l'avait bouleversé. Une seule passion, sa
tendresse filiale pour cette sainte femme, avait
éteint en lui toutes les autres. Son orgueil avait
été noyé dans ses larmes. L'exemple de cette résignation calme et sereine à la mort que lui donnait tous les jours sa mère l'avait lui-même résigné à la vie. La piété n'avait pas persuadé, mais
elle avait attendri son âme. Ce Dieu qu'il ne voyait
pas encore, il le sentait et l'entendait en lui. Il
avait prié pour la première fois et des milliers de
fois au pied de ce lit de souffrance et de paix. Il
s'était fait de la religion de sa mère pour prier
dans la même langue. Elle avait langui deux ans,
elle avait expiré en lui léguant pour tout héritage
sa religion. Il lui avait juré, à l'heure où les paroles sont sacrées, d'accepter ce legs de son âme.
Il tenait son serment. Sa religion, c'était sa mère ;
sa conviction, c'était sa promesse ; sa foi, c'était
son souvenir.

XXVI

Cependant ces deux années d'études tronquées
et de carrière interrompue avaient bouleversé
tout son avenir. Son ambition était ensevelie sous
la pierre du tombeau de sa mère, dans le cimetière de Servolex. Sa santé s'était altérée par l'i-
solement et par la tristesse. Ses nerfs, tendus trop
jeunes par la pensée et par la douleur, s'étaient
brisés. Une mélancolie sereine, mais profonde et
incurable, assombrissait tout horizon pour lui.
Les hommes et leurs pensées courtes comme eux
lui faisaient pitié. Rien ne valait la peine de
rien.

Il avait renoncé résolûment à toute carrière. Il
avait pris le parti de vivre seul avec sa sœur,
jeune personne digne de lui, dans leur pauvre domaine de Servolex. Il possédait à peu près trente
mille francs en vignes, en bois et en terre autour
de la maison, dont le revenu suffisait à sa vie frugale et à ses désirs retranchés. Des livres, la
prière, quelques occupations littéraires remplis-
saient ses jours. Peut-être aimait-il au fond de
l'âme une jeune personne de sa famille, orpheline
et pauvre comme lui, et qui était souvent la compagne de sa sœur? Mais cet amour, s'il existait,
ne se trahissait jamais que par la constance d'un
culte silencieux. Il croyait trop peu à sa fortune
pour y associer une pauvre fille. Il ne manquait
à son cœur qu'un ami. Il s'offrait à être le mien.

Bien souvent, depuis six ans, il avait pensé à
moi comme au seul cœur auquel il voulût attacher le sien. Il n'avait pas osé m'écrire. Il savait
que son caractère acide alors et sauvage avait
laissé à ses camarades de l'éloignement pour lui.
Il savait aussi que j'étais plongé, avec des amis
de circonstance, dans toutes les légèretés de la
vie du monde. Il le déplorait pour moi. Je n'étais
pas de cette chair dont le monde fait ses jouets
et ses idoles. J'avais une âme qui surnageait sur
ce cloaque de vanités et de vices. Cette âme devait aspirer en haut et non en bas. Ma mère était
pieuse comme la sienne. Elle devait souffrir de
l'air vicié où je vivais. Plus âgé que moi par les
années, mais surtout par le malheur qui compte
les années par jour, il m'offrait une affection plus
sainte et plus vraie que celles des jeunes compagnons de mes égarements. Il se dévouait à moi
comme un frère.

XXVII

Je sentais la vérité et surtout l'accent de ses paroles, et j'en étais touché. Nous entrâmes, en causant ainsi, dans la maison déserte des Charmettes, qu'une pauvre femme nous ouvrit, comme si
les maîtres, absents d'hier, avaient dû rentrer le
soir. L'image charmante de madame de Warens
et de Jean-Jacques Rousseau enfant peuplaient
pour nous les trois petites chambres du rez-de-
chaussée. Nous cherchions la place où ils s'as-

seyaient. Nous parcourûmes l'étroit jardin, nous nous assîmes au bout de l'allée, sous la petite tonnelle de chèvrefeuille et de vigne vierge où se fit le premier aveu d'un pur amour, depuis si profané. Vignet, quoique chrétien par la volonté, avait dans le cœur le même enthousiasme que moi pour Jean-Jacques Rousseau, ce seul écrivain du dix-huitième siècle dont le génie fût une âme. Nous passâmes une partie du jour dans ce jardin inondé de parfums et de soleil, comme si les plantes et les arbres se fussent réjouis de recevoir des hôtes dignes d'aimer leurs anciens maîtres. Nous n'en redescendîmes qu'au coucher du soleil, et nous redescendîmes ainsi.

Je sentais combien ce jeune homme, né près du berceau de Rousseau, inspiré comme lui, pauvre et malheureux comme lui, mais plus pur et plus religieux que lui, était au-dessus de ceux que j'appelais mes amis, et que je devais aux Charmettes bien autre chose qu'un vain souvenir de grand homme, l'amitié d'un homme de bien. Mon cœur ne demandait qu'à admirer.

XXVIII

Vignet m'emmena dans sa maison de Servolex et me présenta à sa famille. Deux des oncles de sa mère vivaient alors à Chambéry ou dans les environs de Servolex. Ils étaient les frères du comte Joseph et du comte Xavier de Maistre, qui résidaient en Russie. L'un était colonel en retraite, l'autre chanoine et bientôt évêque d'Aoste, en Savoie. Ces deux hommes étaient dignes du beau nom que le génie divers de leurs frères a fait depuis à leur maison. Ils avaient, en outre, le génie de la bonté. Leur conversation étincelait de cette lueur de gaieté douce dont le rire ne coûte rien à la bienveillance. La nature avait fait à cette famille le don de grâce. C'était la finesse italienne sous la naïveté du montagnard de la Savoie. Leurs principes étaient austères, leur indulgence excusait tout. Longtemps ballottés par les événements de la Révolution, émigrés, jetés d'un bord à l'autre, ils étaient comme ces rudes pierres de leurs montagnes que les avalanches ont roulées dans le torrent, que le torrent a limées et polies pendant des siècles, qui sont devenues luisantes au toucher, mais qui n'en restent pas moins pierres sous la surface qui les adoucit.

XXIX

Mêlés à des événements et à des hommes divers, ils savaient tout le siècle par cœur. Le côté plaisant et ironique des choses leur apparaissait toujours avant tout. Ils ne prenaient au sérieux que l'honneur et Dieu. Tout le reste était pour eux du domaine de la comédie humaine. Ils se moquaient de la pièce, mais ils avaient de la pitié pour les acteurs.

Le chanoine surtout était l'esprit le plus excentrique et le plus original que j'aie jamais connu.

Il écrivait le matin des sermons dont il nous lisait des fragments le soir, et il faisait un recueil
de toutes les anecdotes bouffonnes, mais chastes,
qu'il avait pu récolter dans sa tournée : une espèce de dictionnaire de la gaieté ou d'encyclopédie du rire à l'usage de la famille et des voisins.
Mais ce rire était celui d'un ange et d'un saint. Il
ne devait coûter ni rougeur au front ni larmes
aux victimes. C'était le côté plaisant de la nature,
mais jamais le mauvais côté. Il était très-lié avec
madame de Staël, dont il n'aimait pas les principes, dont il plaisantait l'enthousiasme, mais
dont il adorait la bonté. Leur correspondance
était fréquente et bizarre. C'était l'agacerie charmante de l'esprit et du génie. C'était la religion
gracieuse et tolérante jetant un peu de poussière
aux ailes de la philosophie, mais sans vouloir les
souiller. C'était le badinage courtois de la poésie
et de la prose. Elles se faisaient briller en luttant.
Je passai des journées délicieuses dans cette intimité de famille.

Ce fut à une autre époque que j'y connus le
comte Joseph de Maistre, le frère aîné de tous ces
frères, le Lévi de cette tribu. J'entendis de sa
bouche la lecture des *Soirées de Saint-Péters-*
bourg avant leur publication. Les amis et les
ennemis de sa philosophie connaissaient également peu l'homme sous l'écrivain.

Le comte de Maistre était un homme de grande
taille, d'une belle et mâle figure militaire, d'un
front haut et découvert, où flottaient seulement,

comme les débris d'une couronne, quelques belles mèches de cheveux argentés. Son œil était vif, pur, franc. Sa bouche avait l'expression habituelle de fine plaisanterie qui caractérisait toute la famille; il avait dans l'attitude la dignité de son rang, de sa pensée, de son âge. Il eût été impossible de le voir sans s'arrêter et sans soupçonner qu'on passait devant quelque chose de grand.

Sorti jeune de ses montagnes, il avait d'abord vécu à Turin, puis les secousses l'avaient jeté en Sardaigne, puis en Russie, sans avoir passé par la France, ni par l'Angleterre, ni par l'Allemagne. Il avait été dépaysé moralement dès sa jeunesse. Il ne savait rien que par les livres, et il en avait lu très-peu. De là sa merveilleuse excentricité de pensée et de style. C'était une âme brute, mais une grande âme; une intelligence peu policée, mais une vaste intelligence; un style rude, mais un fort style. Livré ainsi à lui-même, toute sa philosophie n'était que la théorie de ses instincts religieux. Les passions saintes de son esprit étaient passées chez lui à l'état de foi. Il s'était fait les dogmes de ses préventions. C'était là tout le philosophe. L'écrivain était bien supérieur en lui au penseur, mais l'homme était très-supérieur encore au penseur et à l'écrivain. Sa foi, à laquelle il donnait trop souvent le vêtement du sophisme et l'attitude du paradoxe qui défie la raison, était sincère, sublime, féconde dans sa vie. C'était une vertu antique ou plutôt une vertu rude et à grands traits de l'Ancien Testament, tel que ce Moïse de

Michel-Ange, dont les membres ont encore l'empreinte du ciseau qui les a ébauchés. Sous les formes de l'homme, on sent encore le rocher. Ainsi ce génie n'était que dégrossi, mais il était à grandes proportions. Voilà pourquoi M. de Maistre est populaire. Plus harmonieux et plus parfait, il plairait moins à la foule, qui ne regarde jamais de près. C'est un Bossuet alpestre.

CHAPITRE TROISIÈME

I

Cette société me fut très-utile. Elle dépaysa mon esprit de cette philosophie de corps de garde et de cette littérature efféminée qu'on respirait alors en France. Elle me montra des hommes de la nature au lieu de ces copies effacées qui formaient alors le monde pensant à Paris. Elle me transplanta dans un monde original, excentrique, nouveau, dont le type m'avait été inconnu jusque-là. C'était non-seulement la société du génie alpestre dans une vallée de la Savoie, c'était aussi la société de la jeunesse, de la grâce et de la beauté ; car autour de ces troncs séculaires de la famille de Maistre et de Vignet, il y avait des rejetons pleins de séve, des génies en espérance, des âmes en fleur. J'y étais accueilli comme le fils ou le frère de tous les membres de cette étonnante et charmante famille.

Le temps, la mort, les patries différentes, les opinions et les philosophies opposées nous ont séparés depuis. Mais je vivrais un siècle que je n'oublierais jamais les journées dignes des entretiens de Boccace à la campagne, pendant la peste à Florence, que nous passions pendant tout un été

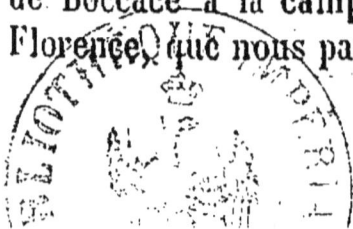

dans la maison de Bissy, chez le colonel de Maistre, ou dans le petit castel de Servolex, chez mon ami Louis de Vignet.

Le salon était en plein champ. Tantôt un bois de jeunes sapins sur les dernières croupes vertes du mont du Chat, d'où l'on domine la vallée vraiment arcadienne de Chambéry et son lac à gauche. Tantôt une allée de hautes charmilles du fond du jardin de Servolex, allée élevée en terrasse sur un vallon noyé de feuillages et de hautes vignes entrelacées aux noyers. Le soleil arpentait silencieusement le pan de ciel de lapis entre le mont du Chat et les premières Alpes de Nivoley. L'ombre se rétrécissait ou s'élargissait au pied des arbres. Le comte de Maistre, tête de Platon gaulois, dessinait en rêvant des figures sur le sable, du bout de son bâton cueilli sur le Caucase. Il racontait ses longs exils et ses fortunes diverses à ses frères attentifs et respectueux devant lui. L'aînée de ses filles, pensive, silencieuse et recueillie, jouait non loin de là sur le piano des airs mélancoliques de la Scythie. Les fenêtres du salon ouvertes laissaient arriver les notes interrompues par le vent jusqu'à nous. Le chanoine de Maistre, figure socratique adoucie et sanctifiée par le génie chrétien, lisait son bréviaire dans une allée écartée du jardin. Il jetait de temps en temps involontairement vers nous un regard de distraction et de regret. On voyait qu'il était pressé de finir le psaume pour venir se mêler à l'entretien qui courait sans lui.

II

La plus jeune des filles du comte de Maistre, qui n'avait alors que dix-sept ou dix-huit ans, portait sur son front, dans ses yeux, sur ses lèvres, les rayons du génie de son père. C'était une fille du Sinaï, toute resplendissante des lueurs du buisson sacré, tout inspirée des doctrines théocratiques de la famille. Elle copiait les écrits de son père; elle écrivait, dit-on, elle-même des pages que sa modestie seule empêchait d'éclater d'un talent naturel à sa maison. C'était une Corinne chrétienne à quelques lieues au bord d'un autre lac de la Corinne philosophe et révolutionnaire de Coppet. Je n'ai jamais rien lu de cette jeune fille, mais son éloquence était virile, nerveuse et accentuée comme sa voix. L'inspiration religieuse ou politique dont elle était involontairement saisie la soulevait par moments du banc de gazon où elle était assise près de nous. Elle marchait en parlant sans s'apercevoir qu'elle marchait. Ses pieds semblaient ne pas toucher la terre comme ceux des fantômes ou des sibylles qui sortent du sol enchanté. Elle avait des pages de paroles alors emportées par le vent qui auraient été dignes des premiers penseurs et des premiers écrivains du siècle. Nous pâlissions en l'écoutant. Le nom de son père a lui sur elle depuis. La fortune inattendue est venue la chercher dans sa modeste obscurité. Je ne sais ce qu'elle aura fait de son génie, arme pour un homme, fardeau pour une femme. Je crois qu'elle l'aura changé en vertus, comme ses richesses en bienfaits.

III

Louis de Vignet, sa sœur, aussi spirituelle que lui, et moi, nous admirions en silence ces éruptions de grâce, de feu et de foi. La théocratie, prêchée sous un si beau ciel par une si belle bouche, dans une si belle langue, par une jeune fille qui ressemblait aux filles d'un prophète, avait en ce temps-là un grand charme pour mon imagination. Ce serait si beau, si le royaume de Dieu n'avait pas des hommes pour ministres ! Plus tard, il me fallut reconnaître que le royaume de Dieu ne pouvait être que cette révélation éternelle dont le Verbe est le code et dont les siècles sont les ministres. Je revins vite à la liberté qui laisse penser et parler tous les verbes dans tous les hommes.

IV

Mon ami nous récitait des vers suaves et mélancoliques qu'il allait recueillir un à un dans les bruyères de ses montagnes et qu'il ne publia jamais, de peur de leur enlever cette fleur que le plein air enlève à l'âme comme aux pêches et aux raisins des espaliers. Je commençais aussi alors à en balbutier quelques-uns. Je les récitais en rougissant devant le comte de Maistre et ses filles. « Ce « jeune Français, disait M. de Maistre à son ne-

« veu, a une belle langue pour instrument de ses
« idées. Nous verrons ce qu'il en fera quand l'âge
« des idées sera venu. Que ces Français sont heu-
« reux! ajoutait-il avec impatience. Ah! si j'étais
« né à Paris! Mais je n'ai jamais vu Paris. Je
« n'ai pour langue que le jargon de nôtre Sa-
« voie! »

Il ne savait pas encore que l'homme c'est la
langue, et que ce jargon serait une grande éloquence; que plus les langues sont maniées, plus
elles s'effacent, et que le français se retremper-
rait à Servolex dans son génie, comme il s'é-
tait retrempé aux Charmettes dans l'ignorance de
J.-J. Rousseau.

Plus tard, le neveu du comte de Maistre épousa
une de mes plus charmantes sœurs. Elle eut ses
jours courts de maternité dans ce même Servolex
où nous rêvions alors ensemble, et bientôt après
elle y eut son tombeau.

V

Ici manquent les notes d'environ deux années
pendant lesquelles je n'écrivis pas. J'étais rentré
ensuite, à la voix de ma mère, dans la maison paternelle presque ruinée par des revers inattendus.

. . . .

VI

.... Je vivais alors (si cela peut s'appeler
vivre) dans des espèces de limbes moitié ténèbres,
moitié lumière, qui ne prêtaient à mon âme, à

mes sentiments et à mes pensées qu'un demi-jour
froid et triste comme un crépuscule d'hiver.
Avant d'avoir vécu, j'étais lassé de vivre. Je me
retirais, pour ainsi dire, de l'existence dans un
recueillement désenchanté, et dans cette solitude
du cœur que l'homme se fait quelquefois à lui-
même en coupant tous ses rapports avec le
monde et en se séparant de toute participation
au mouvement qui l'agite. Sorte de vieillesse an-
ticipée et volontaire dans laquelle on se réfugie
avant les années, mais vieillesse fausse et feinte
qui couve sous son apparente froideur des jeu-
nesses plus chaudes et plus orageuses que celles
qu'on a déjà traversées.

Toute la famille était absente. Le père chez un
de mes oncles, à la chasse dans les forêts de
Bourgogne. La mère en voyage. Les sœurs dispersées ou au couvent. Je passai tout un long été
entièrement seul, enfermé avec une vieille servante, mon cheval et mon chien, dans la maison
de mon père, à Milly. Ce hameau bâti en pierres
grises, au pied d'une montagne tapissée de buis,
avec son clocher en pyramide, dont les assises
semblent calcinées par le soleil, ses sentiers
roides, rocailleux, tortueux, bordés de masures
et de fumier, et ses maisons couvertes en laves
noircies par les ondées, où végètent des mousses
carbonées comme la suie, rappelle tout à fait un
village de Calabre ou d'Espagne.

Cette aridité, cette pauvreté, cette calcination,
cette privation d'eau, d'ombre, de vie végétale,

me plaisaient. Il me semblait que cette nature
était ainsi mieux en rapport avec mon âme. J'é-
tais moi-même un cep de cette colline, un che-
vreau de ce rocher, un bois sans fleur de ces
buissons. Ce silence inusité de la maison paternelle, cette solitude du jardin, ces chambres
vides me rappelaient un tombeau. Cette idée d'un
sépulcre ne messeyait pas à mon imagination. Je
me sentais ou je voulais me sentir mort. J'aimais
ce linceul de pierre dans lequel j'étais volontai-
rement enveloppé. Les seuls bruits de la vie qui
pénétrassent dans la maison étaient lointains et
monotones comme les bruits des champs. Ils sont
restés depuis dans mon oreille.

Je crois entendre encore les coups cadencés
des fléaux qui battaient la moisson, au soleil, sur
l'aire de glaise durcie de la cour ; les bêlements
des chèvres sur la montagne ; les voix d'enfants
jouant dans le chemin au milieu du jour ; les sabots des vignerons revenant le soir de l'ouvrage ;
le rouet des pauvres fileuses assises sur le seuil
de leurs portes, ou les grincements aigus et stri-
dents de la cigale qui ressemblaient à un cri ar-
raché par la brûlure des rayons du midi dans la
vapeur embrasée qui s'exhalait des carrés de
jardin.

Les mois se passaient à lire, à rêver, à errer
nonchalamment tout le jour, de ma chambre
haute au salon désert ; du salon à l'étable, où je
me couchais avec le chien sur la litière fraîche
que je faisais moi-même à mon cheval oisif

l'étable au jardin, où j'arrosais quelques planches
de laitue ou de petits pois; du jardin sur la montagne pelée qui le domine, où je me cachais
parmi les plantes de buis, seul feuillage qui ré-
siste par son amertume à la dent des chèvres. De
là, je regardais au loin les cimes de neige dente-
lées des Alpes qui me semblaient et qui me semblent encore le rideau d'une terre trop splendide
pour des hommes. J'écoutais avec des délices de
recueillement et de tristesse les tintements mélancoliques des clochettes de ces troupeaux qui
ne demandent pour tout bonheur à la terre qu'un
peu d'herbe à brouter sur ses flancs.

J'aurais écrit des volumes si j'avais noté les
intarissables impressions, frissons de cœur, pensées, joies intérieures ou mélancoliques qui traversaient mes sens ou mon âme pendant ce long
été dans le désert. Je n'écrivais rien; je laissais
passer toutes ces sensations et toutes ces modu-
lations en moi-même, comme les brises sur les
herbes de la montagne; sans s'inquiéter des vagues soupirs qu'elles leur font rendre, ni des parfums évaporés qu'elles leur enlèvent en passant.

Les soupirs et les parfums de mon cœur juvé-
nile ne me paraissent pas mériter d'être recueillis.
J'en étais même arrivé à ce point de découragement et de sécheresse que je jouissais avec une
sorte d'amertume de la sensation de vivre, de
penser, de sentir en vain; comme ces fleurs qui
croissent dans les sites inaccessibles des Alpes,
qui végètent sans qu'aucun regard les voie fleurir,

et qui semblent accuser la nature de n'avoir ni plan ni pitié dans ses créations.

VII

Une circonstance me confirmait encore dans ces découragements de cœur et dans ces mépris pour le monde. C'était la société et les entretiens avec un autre solitaire aussi sensible, plus âgé et plus malheureux que moi. Cette société était la seule diversion que j'eusse quelquefois à mon isolement. D'abord rencontre, puis habitude, cette fréquentation se changeait de jour en jour davantage en amitié. Le hasard semblait avoir rapproché deux hommes d'âge et de condition différents, mais qui se ressemblaient par la sensibilité, par le caractère et par la conformité de tristesse, de solitude d'âme et de découragement du bonheur. L'un de ces hommes, c'était moi, l'autre c'était le pauvre curé du village de Bussières, paroisse dont Milly relevait et n'était qu'un hameau.

J'ai parlé, dans le récit des premières impressions de mon enfance, d'un jeune vicaire qui apprenait le catéchisme et le latin aux enfants du village, chez le vieux curé de Bussières, et qui, répugnant par sa nature et par son âge à cette pédagogie puérile à laquelle il était condamné, laissait là avec dégoût le livre et la férule, et, prenant ses chiens en laisse et son fusil sur l'épaule, s'échappait du presbytère avant que l'aiguille eût marqué l'heure de la fin de la leçon, et

allait achever la journée dans les champs et dans
les bois de nos montagnes. J'ai dit qu'il se nom-
mait l'abbé Dumont ; que le presbytère paraissait
être pour lui plutôt une maison paternelle qu'un
vicariat de village ; que sa mère âgée, mais encore
belle et gracieuse, gouvernait la cure de temps
immémorial ; qu'il y avait quelque parenté mal
définie entre le vieux curé et le jeune vicaire ;
que cette parenté lointaine donnait à celui-ci l'attitude d'un fils plus que d'un commensal dans la
maison.

Enfin j'ai raconté comment l'évêque de Mâcon,
homme de mœurs faciles et raffinées autant
qu'homme de lettres et d'étude, avait pris dans
son palais le jeune adolescent, et l'avait fait élever dans toutes les habitudes, dans toutes les libertés et dans toutes les élégances de la société
très-mondaine dont son palais épiscopal était le
centre avant la Révolution. La Révolution avait
dispersé cette société, confisqué le palais, emprisonné l'évêque et renvoyé le jeune secrétaire du
sein de ce luxe et de ces délices dans le pauvre
presbytère de Bussières. Le vieux curé était mort.
Le jeune homme s'était fait prêtre ; la cure avait
passé comme un héritage au jeune ecclésiastique.

L'abbé Dumont avait alors trente-huit ans. Sa
taille était élevée, ses membres souples, son attitude martiale, son costume laïque, leste, soigné,
comme s'il eût voulu, sans manquer tout à fait
aux convenances, se rapprocher néanmoins le
plus possible de l'habit de l'homme du monde, et

faire oublier aux autres et à lui-même un état qui
lui avait été imposé tard.

Son visage avait une expression d'énergie, de
fierté, de virilité, qu'adoucissait seulement une
teinte de tristesse douce, habituellement répandue
sur sa physionomie. On y sentait une nature
forte, enchaînée sous un habit par quelques liens
secrets qui l'empêchent de se mouvoir et d'éclater. Le contour des joues était pâle comme une
passion contenue; la bouche fine et délicate; le
nez droit, modelé avec une extrême pureté de li-
gne, renflé et palpitant vers les narines, ferme,
étroit et musculeux vers le haut, où il se lie au
front et sépare les yeux. Les yeux étaient d'une
couleur bleu de mer mêlé de teintes grises comme
une vague à l'ombre; les regards étaient profonds
et un peu énigmatiques, comme une confidence
qui ne s'achève pas; ils étaient enfoncés sous
l'arcade proéminente d'un front droit, élevé,
large, poli par la pensée. Ses cheveux noirs, déjà
un peu éclaircis par la fin de sa jeunesse, étaient
ramenés sur ses tempes en mèches lisses, luisantes, collées à la peau, dont elles relevaient la
blancheur. Ils ne laissaient apercevoir aucune
trace de tonsure. Leur finesse et la moiteur habituelle de la peau leur donnaient au sommet du
front et vers les tempes quelques inflexions à
peine perceptibles, comme celles de l'acanthe autour d'un chapiteau de marbre.

Tel était l'extérieur de l'homme avec lequel,
malgré la distance des années, la solitude, le voi-

sinage, la conformité de nature, l'attrait réciproque, et enfin la tristesse même de nos deux existences, allaient insensiblement me faire nouer une véritable et durable amitié.

Cette amitié s'est cimentée depuis par les années; elle a duré jusqu'à sa mort, et maintenant, quand je passe par le village de Bussières, mon cheval, habitué à ce détour, quitte le grand chemin vers une petite croix, monte un sentier rocailleux qui passe derrière l'église, sous les fenêtres de l'ancien presbytère, et s'arrête un moment de lui-même auprès du mur d'appui du cimetière. On voit par-dessus ce mur la pierre funéraire que j'ai posée sur le corps de mon ami. J'y ai fait écrire en lettres creuses, pour toute épitaphe, son nom à côté du mien. J'y donne, un moment en silence, tout ce que les vivants peuvent donner aux morts : une pensée... une prière... une espérance de se retrouver ailleurs !...

VIII

Nous nous liâmes naturellement et sans le prévoir. Il n'avait que moi avec qui il pût s'entretenir, dans ce désert d'hommes, des idées, des livres, des choses de l'âme qu'il avait cultivées avec amour dans sa jeunesse et dans le palais de l'évêque de Mâcon. Il les cultivait solitairement encore dans l'isolement où il était confiné. Je n'avais que lui avec qui je pusse épancher moi-même mon âme débordante d'impressions et de mélancolie.

Nos rencontres étaient fréquentes : le dimanche à l'église ; les autres jours, dans les sentiers du village, dans les buis ou dans les genêts de la montagne. J'entendais de ma fenêtre l'appel de ses chiens courants.

A force de nous rencontrer ainsi à toute heure, nous finîmes par avoir besoin l'un de l'autre. Il comprit qu'il y avait dans l'âme de ce jeune homme des germes intéressants à regarder éclore et se développer. Je compris qu'il y avait dans cet homme mûr et fatigué de vivre une destinée âpre et trompée, comme était la mienne en ce moment ; une âme malade mais forte, auprès de laquelle mon âme se vengerait de ses propres malheurs en s'attachant du moins à un autre malheureux.

Je lui prêtais des livres. J'allais toutes les semaines les louer dans un cabinet de lecture à Mâcon, et je les rapportais à Milly dans la valise de mon cheval. Il me prêtait, lui, les vieux volumes d'histoire de l'Église et de littérature sacrée qu'il avait trouvés dans la bibliothèque de l'évêque de Mâcon. Il avait eu ce legs dans son testament. Nous nous entretenions de nos lectures. Nous nous apercevions ainsi, par la conformité habituelle de nos impressions sur les mêmes ouvrages, de la consonnance de nos esprits et de nos cœurs. Chaque jour, chaque livre, chaque entretien amenaient une découverte et comme une intimité involontaire de plus entre nous. On s'attache par ce qu'on découvre de

semblable à soi dans ceux qu'on étudie. L'amour
et l'amitié ne sont au fond que l'image d'un être
réciproquement entrevue et doublée dans le cœur
d'un autre être. Quand ces deux images se con-
fondent tellement que les deux n'en font plus
qu'une, l'amitié ou l'amour sont complets. Notre
amitié s'achevait ainsi tous les jours.

IX

Bientôt nous ne nous contentâmes plus de ces
rencontres fortuites dans les chemins des deux
hameaux. Il vint chez moi, j'allai chez lui. Il n'y
avait, entre sa maison et celle de mon père,
qu'une colline peu élevée à monter et à descendre. Au bas de cette colline, cultivée en vignes
rampantes, on trouvait une fontaine sous des
saules et un sentier creux entre deux haies qui
traversait des prés.

Au bout de ces prés, une petite porte fermée
par un verrou donnait accès dans un jardin pota-
ger entouré de murs tapissés d'espaliers. A l'extrémité de ce jardin, une maison basse et longue
avec une galerie extérieure dont le toit portait sur
des piliers de bois. Une petite cour entourée d'un
hangar, d'un four et d'un bûcher. Sur le mur
d'appui de la galerie, deux beaux chiens couchés
et hurlant quand on ouvrait la porte. Quelques
pots de réséda et de fleurs rares sur le palier.
Quelques poules dans la cour, quelques pigeons
sur le toit. C'était le presbytère.

Du côté opposé au jardin, la maison donnait

sur le cimetière, vert comme un pré mal nivelé autour de l'église. Par-dessus le cimetière, le regard s'étendait par une échappée de vue sur des flancs de montagnes incultes entrecoupées de hauts châtaigniers. L'œil glissait ensuite obliquement sur une sombre et noire vallée qui se perdait l'été dans la vapeur chaude du soleil, l'hiver dans la fumée du brouillard ou des eaux. Le son de la cloche qui tintait, aux trois parties du jour, aux baptêmes et aux sépultures, les pas des paysans revenant de l'ouvrage, les vagissements d'enfants qui pleuraient à midi et le soir pour appeler les mères attardées sur les portes des chaumières, étaient les seuls bruits qui pénétrassent du dehors dans cette maison. Au dedans on n'entendait que le petit tracas que faisaient la mère du curé et sa jeune nièce en épluchant les herbes pour la soupe ou en étendant le linge sur la galerie.

X

Bientôt je fus un hôte de plus de cette humble maison, un convive de plus à cette pauvre table. J'y descendais presque tous les soirs au soleil couchant. Quand j'avais quitté l'ombre des deux ou trois charmilles du jardin de Milly, sous l'abri desquelles j'avais passé la chaleur des jours du mois d'août; quand j'avais fermé mes livres, caressé et pansé avec soin mon cheval et étendu sous ses sabots luisants la fraîche litière de la nuit, je montais à pas lents la colline, je me

glissais comme une ombre du soir de plus parmi
les dernières ombres que les saules jetaient sur
les prés. J'ouvrais la petite porte du jardin
de la cure de Bussières. Les chiens qui me connaissaient n'aboyaient plus. Ils semblaient m'attendre à heure fixe sur le seuil. Ils me flairaient
avec des battements de queue, des frissons de
poil et des bonds de joie. Ils couraient devant
moi comme pour avertir la maison de l'arrivée
du jeune ami. Le sourire indulgent de la vieille
mère du curé, la rougeur de sa nièce, me montraient ces bons visages d'hôtes qui sont les meilleurs saluts et les meilleurs compliments de l'hospitalité.

XI

Je trouvais ordinairement l'abbé Dumont occupé à émonder ses treilles, à sarcler ses laitues
ou à écheniller ses arbres. Je prenais l'arrosoir
des mains de la mère, j'aidais la nièce à tirer
la longue corde du puits. Nous travaillions tous
les quatre au jardin tant qu'il restait une lueur
de jour dans le ciel. Nous rentrions alors dans la
chambre du curé. Les murs en étaient nus et crépis
seulement de chaux blanche éraillée par les clous
qu'il y avait fichés pour y suspendre ses fusils,
ses couteaux de chasse, ses vestes, ses fourni-
ments et quelques gravures encadrées de sapin
représentant la captivité de Louis XVI et de sa
famille au Temple. Car l'abbé Dumont, je l'ai déjà
dit, par une contradiction très-fréquente dans les

hommes de ce temps-là, était royaliste bien qu'il
fût démocrate, et contre-révolutionnaire de sentiment bien qu'il détestât l'ancien régime et qu'il
partageât toutes les doctrines et toutes les aspira-
tions de la Révolution.

On ne voyait, du reste, sur ses murs ou sur la
cheminée aucun attribut de son ministère. Ni bréviaire, ni crucifix, ni image de saint ou de sainte,
ni vêtements sacrés. Il reléguait tout cela dans
sa sacristie, aux soins de son sonneur de cloches.
Il ne voulait pas que rien de son église le suivît
dans sa maison et lui rappelât sa servitude et ses
liens. Rien ne faisait souvenir qu'il était curé de
village, si ce n'est une petite table boiteuse relé-
guée dans un coin de la chambre, sur laquelle on
voyait un registre des naissances et des décès, et
des boîtes de dragées cerclées de rubans bleus ou
roses, que l'on donne, aux fiançailles et aux baptêmes, au ministre de ces saintes cérémonies.

A la nuit tombante, il allumait une chandelle
de suif ou un reste de cierge de cire jaune rejeté
des candélabres de l'autel. Après quelques moments de lecture ou de causerie, la nièce mettait
la nappe sur cette table débarrassée de l'encre,
des livres et des papiers. On apportait le souper.

C'était ordinairement du pain bis et noir mêlé
de seigle et de son. Quelques œufs des poules de
la basse-cour frits dans la poêle et assaisonnés
d'un filet de vinaigre. De la salade ou des asperges
du jardin. Des escargots ramassés à la rosée sur
les feuilles de vigne et cuits lentement dans une

casserole, sous la cendre. De la courge gratinée
mise au four dans un plat de terre, les jours où
l'on cuisait le pain, et de temps en temps ces
poules vieilles, maigres et jaunes que les pauvres
jeunes femmes des montagnes apportent en ca-
deau aux curés les jours de relevailles, en mémoire des colombes que les femmes de Judée apportaient au temple dans les mêmes occasions.
Enfin quelques lièvres ou quelques perdrix, ré-
colte de la chasse du matin. On y servait rarement d'autres mets. La pauvreté de la maison ne
permettait pas à la mère d'aller au marché. Ce
frugal repas était arrosé de vin rouge ou blanc
du pays ; les vignerons le donnent au sacristain,
qui va quêter, de pressoir en pressoir, au moment
des vendanges. Le repas se terminait par quelques fruits des espaliers dans la saison et par de
petits fromages de chèvre blancs, frais, saupou-
drés de sel gris, qui donnent soif, et qui font
trouver le vin bon aux sobres paysans de nos vallées.

L'abbé Dumont, bien qu'il n'eût pas la moindre
sensualité de table, ne dédaignait pas, pour sou-
lager sa vieille mère et pour former sa nièce,
d'aller lui-même quelquefois surveiller le pain au
four, le rôti à la broche, les œufs ou les légumes
sur le feu, et d'assaisonner de sa main les mets
simples ou étranges que nous mangions ensemble,
en nous égayant sur l'art du maître d'hôtel. C'est
ainsi que j'appris moi-même à accommoder de
mes propres mains ces aliments journaliers du

pauvre habitant de la campagne, et à trouver du
plaisir et une certaine dignité paysanesque dans
ces travaux domestiques du ménage, qui dispen-
sent l'homme de la servitude de ses besoins, et
qui l'accoutument à redouter moins l'indigence
ou la médiocrité.

XII

Après le souper, nous nous entretenions, tantôt les coudes sur la nappe, tantôt au clair de lune
sur la galerie, de ces sujets qui reviennent éter-
nellement, comme des hasards inévitables, dans
la conversation de deux solitaires sans autre af-
faire que leurs idées ; le sort de l'homme sur la
terre, la vanité de ses ambitions, l'injustice du
sort envers le talent et la vertu, la mobilité et
l'incertitude des opinions humaines, les religions,
les philosophies, les littératures des différents
âges et des différents peuples, la préférence à
donner à tel grand homme sur tel autre, la supériorité de tel orateur ou de tel écrivain sur les
orateurs et les écrivains ses émules, la grandeur
de l'esprit humain dans certains hommes, la pe-
titesse dans certains autres ; puis des lectures de
passages de tel ou tel écrivain pour justifier nos
jugements ou motiver nos préférences ; des fragments de Platon, de Cicéron, de Sénèque, de Fé-
nelon, de Bossuet, de Voltaire, de Rousseau, livres étalés tour à tour sur la table, ouverts, fermés, rouverts, confrontés, discutés, admirés ou
écartés, comme des cartes de ce grand jeu de

l'âme que le génie de l'homme joue avec l'énigme
de la nature depuis le commencement jusqu'à la
fin des siècles.

XIII

Quelquefois, mais rarement, de beaux vers des
poëtes anciens récités par moi dans leur langue,
sous ce même toit où j'avais appris à épeler les
premiers mots de grec et de latin. Mais les vers
tenaient peu de place dans ces citations et dans
ces entretiens. L'abbé Dumont, ainsi que plusieurs
des hommes supérieurs que j'ai le plus connus et
le plus aimés dans ma vie, ne les goûtait pas. De
la parole écrite, il n'appréciait que le sens et
très-peu la musique. Il n'était pas doué de cette
espèce de matérialité intellectuelle qui associe,
dans le poëte, une sensation harmonieuse à une
idée ou à un sentiment, et qui lui donne ainsi
une double prise sur l'homme par l'oreille et par
l'esprit.

Il lui semblait, et il m'a souvent semblé plus
tard à moi-même, qu'il y avait en effet une sorte
de puérilité humiliante pour la raison dans cette
cadence étudiée du rhythme et dans cette consonnance mécanique de la rime qui ne s'adressent
qu'à l'oreille de l'homme et qui associent une
volupté purement sensuelle à la grandeur morale
d'une pensée ou à l'énergie virile d'un sentiment.
Les vers lui paraissaient la langue de l'enfance
des peuples, la prose la langue de leur maturité.
Je crois maintenant qu'il sentait juste. La poésie

n'est pas dans cette vaine sonorité des vers; elle
est dans l'idée, dans le sentiment et dans l'image,
cette *trinité* de la parole, qui le change en *Verbe*
humain. Les versificateurs diront que je blas-
phême, les vrais poëtes sentiront que j'ai raison.
Changer la parole en musique, ce n'est pas la
perfectionner, c'est la matérialiser. Le mot simple, juste et fort pour exprimer la pensée pure ou
le sentiment nu sans songer au son pas plus qu'à
la forme matérielle du mot, voilà le style, voilà
l'expression, voilà le verbe. Le reste est volupté,
mais enfantillage : *Nugæ canores.* Si vous en
doutez, associez en idée Platon à Rossini dans un
même homme. Qu'aurez-vous fait? Vous aurez
grandi Rossini, sans doute, mais vous aurez di-
minué Platon.

XIV

Je ne contestais alors ni je n'approuvais cette
répugnance instinctive de certains hommes de
pensée mâle aux séductions sonores de la pensée
versifiée. J'aimais les vers sans théorie, comme
on aime une couleur, un son, un parfum dans la
nature. J'en lisais beaucoup, je n'en écrivais pas.

De ces sujets littéraires, nous arrivions toujours, par une déviation naturelle, aux questions
suprêmes de politique, de philosophie et de religion. Nourris l'un et l'autre de la moelle de l'an-
tiquité grecque et romaine, nous adorions la liberté comme un mot sonore avant de l'adorer

comme une chose sainte et comme la propriété morale dans l'homme libre.

Nous détestions l'Empire et ce régime plagiaire de la monarchie; nous déplorions qu'un héros comme Bonaparte ne fût pas en même temps un complet grand homme, et ne fît servir les forces matérielles de la Révolution tombées de lassitude dans sa main qu'à reforger les vieilles chaînes de despotisme, de fausse aristocratie et de préjugés que la Révolution avait brisées. L'abbé Dumont, quoiqu'il eût le jacobinisme en horreur, conservait de la République une certaine verdeur âpre mais savoureuse sur les lèvres et dans le cœur. Il me la communiquait sans y penser. Mon âme, jeune, pure de viles ambitions, indépendante comme la solitude, aigrie par la compression du sort qui semblait s'obstiner à me fermer le monde, était prédisposée à cette austérité d'opinion qui console des torts de la fortune en la faisant mépriser dans ceux qu'elle favorise, et qui aspire au gouvernement de la seule vertu. La Restauration, qui nous avait enivrés l'un et l'autre d'espérances, commençait à les décevoir. Elle laissait penser, du moins, lire, écrire, discuter. Elle avait le bruit intestin des gouvernements libres et les orages de l'opinion. Mais l'adoration superstitieuse du passé, soufflée par des courtisans incrédules à un peuple vieilli de deux siècles en vingt-cinq ans, nous désenchantait. Nous ne murmurions pas, de peur de nous confondre avec les partisans de l'Empire; mais nous gémissions tout

bas, et nous remontions ou nous descendions les
siècles pour y retrouver des gouvernements dignes
de l'humanité. Hélas! où sont-ils?...

Quant à la religion, le fanatisme qu'on s'efforçait alors de raviver sous ce nom par les cérémonies, les processions, les prédications, les con-
grégations moins religieuses que dynastiques,
nous semblaient un véritable travestissement d'un
parti politique voulant se consacrer aux yeux du
peuple par l'affectation d'une foi dont il ne prenait que l'habit. Il était aisé de voir que l'abbé
Dumont était philosophe comme le siècle où il
était né. Les mystères du christianisme, qu'il ac-
complissait par honneur et par conformité avec
son état, ne lui semblaient guère qu'un *rituel* sans
conséquence, un code de morale illustré de dogmes symboliques et de pratiques traditionnelles
qui n'empiétaient en rien sur son indépendance
d'esprit et sur sa raison. C'était la langue du
sanctuaire dans laquelle il parlait de Dieu à un
peuple enfant, disait-il. Mais, rentré chez lui, il
en parlait dans la langue de Platon, de Cicéron
et de Rousseau.

XV

Cependant, bien que son esprit fût incrédule,
son âme, amollie par l'infortune, était pieuse. Son
souverain bonheur eût été de pouvoir donner à
cette piété vague la forme et la réalité d'une foi
précise. Il s'efforçait de courber son intelligence
sous le joug du catholicisme et sous les dogmes

de son état. Il lisait avec obstination le *Génie du Christianisme*, par M. de Chateaubriand, les écrits de M. de Bonald, ceux de M. de Lamennais, de M. Frayssinous, du cardinal de Beausset, tous ces oracles plus ou moins éloquents sortis tout à coup, à cette époque, des ruines du christianisme. Mais son esprit sceptique, rebelle à la logique de ces écrivains, admirait leur génie plus qu'il n'adoptait leurs dogmes. Il s'attendrissait, il s'exaltait, il priait avec leur style, mais il ne croyait pas avec leur foi.

Quant à moi, plus jeune, plus sensible et plus tendre d'années que lui, je me prêtais davantage à ces séductions de la religion de mon enfance et de ma mère. La piété me revenait dans la solitude; elle m'a toujours amélioré, comme si la pensée de l'homme isolé du monde était sa meilleure conseillère. Je ne croyais pas de l'esprit, mais je voulais croire du cœur. Le vide qu'avait creusé dans mon âme ma foi d'enfant, en s'évaporant dans les dissipations de ces années de repentir et de tristesse, me semblait délicieusement comblé par ce sentiment d'amour divin qui se réchauffait sous la cendre de mes premiers égarements, et qui me purifiait en me consolant. La poésie et la tendresse de la religion étaient pour moi comme ces deux saintes femmes assises sur le sépulcre du sauveur des hommes, et à qui les anges disaient en vain : « Il n'est plus là. »

XVI

Je m'obstinais à retrouver la croyance de ma jeunesse où j'avais eu celle de mon enfance. J'aimais le recueillement et l'ombre de ces petites églises de campagne où le peuple se rassemble et s'agenouille, pour se consoler, aux pieds d'un Dieu de chair et de sang comme lui. L'incommensurable espace entre l'homme et le Dieu sans forme, sans nom et sans ombre, me semblait comblé par ce mystère d'incarnation. Si je ne l'admettais pas tout à fait comme vérité, je l'adorais comme poëme merveilleux de l'âme. Je l'embellissais de tous les prestiges de mon imagination. Je l'embaumais de tous mes désirs. Je le colorais de toutes les teintes de ma pensée et de mon enthousiasme. Je subordonnais ma raison rebelle à cette volonté ardente de croire, afin de pouvoir aimer et prier. J'écartais violemment les ombres, les doutes, les répugnances d'esprit. Je parvenais à me faire à demi les illusions dont j'avais soif, et, pour bien vous rendre l'état de mon âme à cette époque, si je n'adorais pas encore le Dieu de ma mère comme mon Dieu, je l'emportais du moins sur mon cœur comme mon idole.

XVII

Quand les paroles commençaient à tarir sur nos lèvres et que le sommeil nous gagnait, je reprenais mon fusil, je sifflais mon chien ; l'abbé Dumont m'accompagnait jusqu'au bout des prés qui terminent le vallon de Bussières ; nous nous serrions la main. Je gravissais silencieusement la colline pierreuse, tantôt à la lueur des belles lunes d'été, tantôt à travers les humides ombres de la nuit, épaissies encore par les brouillards du commencement de l'automne.

Je trouvais la vieille servante qui filait, en m'attendant, sa quenouille, à la clarté de la lampe de cuivre suspendue dans la cuisine. Je me couchais. Je m'endormais, et je m'éveillais le lendemain, au bruit du vol des hirondelles des prés qui entraient librement dans ma chambre à travers les vitres cassées, pour recommencer la même journée que la veille.

Ce qui m'attachait de plus en plus au pauvre curé de Bussières, c'était le nuage de mélancolie mal résignée qui attristait sa physionomie. Cette ombre amortissait dans son regard les derniers feux de la jeunesse, elle donnait à ses paroles et à sa voix une certaine langueur découragée toute concordante à mes propres langueurs d'esprit. On sentait un mystère douloureux et contenu sous ses épanchements. On voyait qu'il ne disait pas tout et qu'un dernier secret s'arrêtait sur ses lèvres.

Ce mystère, je ne cherchais point à le lui arracher, il ne me l'aurait jamais confié lui-même. Entre un aveu de cette nature et l'amitié la plus intime avec un jeune homme de mon âge, il y avait les convenances sacrées de son caractère sacerdotal. Mais les chuchotements des femmes du vil-

lage commencèrent à m'en révéler confusément
quelque rumeur, et plus tard je connus ce mystère de tristesse dans tous ses détails. Le voici :

A l'époque où l'évêque de Mâcon avait été chassé
de son palais par la persécution contre le clergé
et emprisonné, l'abbé Dumont n'était qu'un jeune
et beau secrétaire; il rentra chez le vieux curé de
Bussières, qui avait prêté serment à la constitution. Il se répandit dans le monde, se mêla, avec
l'ascendant de sa figure, de son courage et de son
esprit, aux différents mouvements d'opinion qui
agitaient la jeunesse de Mâcon et de Lyon à la
chute de la monarchie, et au commencement de
la République. Il se fit remarquer surtout par son
antipathie et par son audace contre les jacobins.
Poursuivi comme royaliste sous la terreur, il finit
par s'enrôler dans ces bandes occultes de jeunes
gens royalistes qui se ramifiaient et se donnaient
la main depuis les Cévennes jusqu'aux campagnes
de Lyon.

Intrépide et aventureux, il se lia, par la conformité des opinions et par le hasard des rencontres,
des combats et des dangers de la guerre civile,
avec le fils d'un vieux gentilhomme du Forez. Le
château de cette famille était situé dans une vallée sauvage, sur un mamelon escarpé. Il servait
de foyer aux conspirations et de quartier général
à la jeunesse royaliste de ces contrées. Le vieux
seigneur avait perdu sa femme au commencement
de la Révolution. En mourant, elle avait laissé quatre filles à peine sorties de l'adolescence. Elevées

sans mère et sans gouvernante dans le château
d'un vieillard chasseur, soldat, d'une nature bizarre, d'un esprit inculte et illettré, ces jeunes
filles n'avaient de leur sexe que l'extrême beauté,
la naïveté et la grâce avec toute la vivacité
d'impressions et toute l'imprudence de leur âge.

Leur père, dès leurs premières années, les avait
accoutumées à lui tenir compagnie à table, au milieu de ses convives de toute sorte, à monter à
cheval, à porter le fusil, à le suivre dans ses parties de chasse, qui faisaient la principale occupa-
tion de sa vie. On comprend qu'une si charmante
cour, toujours en chasse, en festins, en fêtes ou
en guerre autour d'un tel père, devait attirer naturellement la jeunesse, le courage et l'amour
dans le château de ***.

Le jeune Dumont, en costume de guerre et de
chasse, beau, leste, adroit, éloquent, bien venu
du père, ami du frère, agréable aux jeunes filles
par l'élégance de ses manières et de son esprit,
devint le plus assidu commensal du château. Il faisait, pour ainsi dire, partie de la famille, et fut
pour les jeunes filles comme un frère de plus. Il
avait sa chambre dans une tourelle haute du donjon
qui dominait la contrée et d'où l'on apercevait de
loin une longue étendue de la seule route qui con-
duisît au château. Chargé de signaler l'approche
des gendarmes ou des patrouilles de garde nationale, il veillait à la sûreté des portes et tenait
en ordre l'arsenal toujours garni de fusils et de
pistolets chargés, et même de deux couleuvrines

sur leurs affûts, dont le comte de *** était résolu à foudroyer les républicains, s'ils se hasardaient jusque dans ces gorges.

Le temps se passait à recevoir et à expédier des messagers déguisés qui liaient l'esprit contre-révolutionnaire de ces montagnes avec les émigrés de Savoie et les conspirateurs de Lyon; à courir les bois à pied ou à cheval dans des chasses incessantes; à s'exercer au maniement des armes; à défier de loin les jacobins des villes voisines qui dénonçaient perpétuellement ce *repaire* d'aristocrates, mais qui n'osaient le disperser ; à veiller, à jouer et à danser avec la jeunesse des châteaux voisins, attirée par le double charme de l'opinion, des aventures et du plaisir.

Bien que les jeunes personnes fussent mêlées à tout ce tumulte et abandonnées à leur seule prudence, il y avait entre elles et leurs hôtes des goûts, des préférences, des attraits mutuels, mais il n'y avait aucun désordre ni aucune licence de mœurs. Le souvenir de leur mère et leur propre péril semblaient les garder mieux que ne l'eût fait la surveillance la plus rigide. Elles étaient naïves, mais innocentes; semblables en cela aux jeunes filles des paysans, leurs vassaux, sans ombrage, sans pruderie, mais non sans vigilance sur elles-mêmes et sans dignité de sexe et d'instincts.

Les deux aînées s'étaient attachées et fiancées à deux jeunes gentilshommes du Midi, la troisième attendait impatiemment que les couvents fussent rouverts pour se consacrer toute à Dieu, sa seule

pensée. Calme au milieu de cette agitation, froide
dans ce foyer d'amour et d'enthousiasme, elle gouvernait la maison de son père comme une ma-
trone de vingt ans. La quatrième touchait à peine
à sa seizième année. Elle était la favorite de son
père et de ses sœurs.

L'admiration qu'on avait pour elle comme jeune
fille était mêlée de cette complaisance enjouée
qu'on a pour l'enfance. Sa beauté, plus attrayante
encore qu'éblouissante, était l'épanouissement
d'une âme aimante qui se laisse regarder et respirer jusqu'au fond par la physionomie, par les
yeux et par le sourire. Plus on y plongeait, plus
on y découvrait de tendresse, d'innocence et de
bonté. Par l'impression qu'elle faisait sur moi,
en la voyant bien des années après, et quand la
poussière de la vie et ses larmes avaient sans doute
enlevé à ce visage la fraicheur et le duvet de l'a-
dolescence, on pouvait recomposer cette ravissante réminiscence de seize ans.

Ce n'était ni la langueur d'une fille pâle du Nord,
ni le rayonnement brûlant d'une fille du Midi, ni
la mélancolie d'une Anglaise, ni la noblesse d'une
Italienne; ses traits plus gracieux que purs, sa
bouche avenante, son nez relevé, ses yeux châtains
comme ses cheveux, rappelaient plutôt la fiancée
de village un peu hâlée par le soleil et par le regard des jeunes gens, quand elle a revêtu ses habits de noce et qu'elle répand autour d'elle en
entrant à l'église un frisson qui charme mais qui
n'intimide pas.

Elle s'attacha, sans y penser, à ce jeune aventurier, ami de son frère, plus rapproché d'elle par
les années que les autres étrangers qui fréquen-
taient le château. La qualité de royaliste donnait
alors à ceux qui combattaient et souffraient pour
la même opinion une certaine familiarité sans ombrage dans les maisons nobles où on les recueil-
lait comme des compagnons d'armes.

Le jeune homme était lettré. A ce titre, il était
chargé par le père de donner des leçons de lecture, d'écriture, de religion à la jeune fille. Elle le
considérait comme un second frère un peu plus
avancé qu'elle dans la vie. C'était lui qui répondait d'elle dans les courses périlleuses qu'elle faisait avec son père et ses sœurs à la chasse des
sangliers dans les montagnes ; c'était lui qui ajus-
tait les rênes, qui resserrait les sangles de son
cheval, qui chargeait son fusil, qui le portait en
bandouillère derrière son dos, qui l'aidait à franchir les ravins et les torrents, qui lui rapportait,
du milieu des halliers, le gibier qu'elle avait tiré,
qui l'enveloppait de son manteau sous la pluie ou
sous la neige. Une si fréquente et si complète intimité entre un jeune homme ardent et sensible
et une jeune fille dont l'enfance se changeait tous
les jours, quoique insensiblement, en adolescence
et en attraits, ne pouvait manquer de se conver-
tir, à leur insu, en un premier et involontaire
attachement. Il n'y a pas de piège plus dangereux
pour deux cœurs purs que celui qui est préparé
par l'habitude et voilé par l'innocence. Ils y étaient

déjà tombés l'un et l'autre avant qu'aucun d'eux
le soupçonnât. Le temps et les circonstances ne
devaient pas tarder à le leur dévoiler.

Le comité révolutionnaire de la ville de ***
était instruit des trames qui s'ourdissaient impu-
nément au château de ***. Ce comité s'indignait
de la lâcheté ou de la complicité des municipalités
voisines qui n'osaient ou ne pouvaient disperser
ce nid de conspirateurs. Il résolut d'étouffer ce
foyer de contre-révolution qui menaçait d'incen-
dier le pays. Il forma secrètement une colonne
mobile de gendarmes, de troupes légères et de
gardes nationaux. Il la fit marcher toute la nuit
pour arriver, avant le jour, sous les murs et sur-
prendre les habitants.

Le château, cerné de toutes parts pendant le
sommeil de la famille, n'offrait plus de moyens
d'évasion. Le commandant somma le comte de ***
d'ouvrir les portes. Il fut contraint d'obéir. Des
mandats d'arrêt étaient dressés d'avance contre
le comte et tous les membres majeurs de sa famille, même contre les femmes. Il fallut se con-
stituer prisonniers. Le vieux seigneur, son frère,
son fils, ses hôtes, ses domestiques et ses trois
filles aînées furent jetés sur des charrettes pour
être conduits dans les prisons de Lyon. Les ar-
moiries, les armes et les deux canons enlacés de
branches de chêne suivaient comme des trophées
la charrette des prisonniers. De toute cette maison libre et tranquille la veille, il ne manquait à

la captivité que l'hôte habituel et la plus jeune
des filles du château.

Éveillé dans sa tour par le bruit des armes et
par le piétinement des chevaux dans la première
cour, le jeune homme s'était hâté de se vêtir, de
s'armer et de descendre dans la salle d'armes pour
disputer chèrement sa vie en défendant celle de
ses hôtes et de ses amis. Il était trop tard. Toutes
les portes du château étaient occupées par des gardes nationaux. Le commandant de la colonne
était déjà, avec les gendarmes, dans la chambre
du comte, occupé à poser les scellés sur ses papiers. Le jeune homme rencontra sur l'escalier
les jeunes filles qui descendaient, à peine vêtues,
pour rejoindre leur père et pour s'associer à son
sort. — « Sauvez notre sœur ! » lui dirent à la
hâte les trois plus âgées; « nous, nous voulons
« suivre notre père et nos fiancés partout, dans
« les cachots ou à la mort; mais elle, elle est une
« enfant, elle n'a pas le droit de disposer de sa
« vie; dérobez-la aux scélérats qui gardent les
« portes. Voilà de l'or ! Vous la trouverez dans no-
« tre chambre, où nous l'avons vêtue de ses habits
« d'homme. Vous connaissez les passages secrets.
« Dieu veillera sur vous. Vous la conduirez dans
« les Cévennes, chez notre vieille tante, seule pa-
« rente qui lui reste au monde; elle la recevra
« comme une autre mère. Adieu. »

L'étranger fit ce qui lui était ordonné, heureux
de recevoir un pareil dépôt et des instructions si
conformes à sa propre inclination.

XVIII

Il y avait au château de ***, comme dans presque toutes les maisons fortes du moyen âge, un
passage souterrain qui partait des caves sous la
grande tour, qui traversait la terrasse et qui,
aboutissait à une poterne, descendait par quatre
ou cinq cents marches d'escalier obscur jusqu'au
pied du mamelon sur lequel était bâti le château.
Là une grille de fer, semblable au soupirail d'un
cachot, s'ouvrait dans une fente du roc sur les
vastes prairies entourées de bois qui formaient le
bassin de la rivière et de la vallée.

L'existence de cette porte, qui ne s'ouvrait jamais, était ignorée des républicains. Les seuls
habitants du château savaient où la clef en était
déposée, pour des circonstances extrêmes. Le
jeune homme s'en saisit, remonta dans la chambre de la jeune fille, l'entraîna tout en larmes à
travers ces ténèbres, ouvrit le soupirail, et, se
glissant inaperçu de saule en saule dans le lit du
torrent, parvint à gagner les bois avec son dépôt.

Une fois dans les sentiers de ces forêts con-
nues, armé de deux fusils, le sien et celui de sa
compagne, pourvu d'or et de munitions, il ne
craignait plus rien des hommes. Dévoué comme
un esclave, attentif comme un père, il conduisit
en peu de jours, à travers champs, de bois en
bois, et de chemins en chemins, la jeune fille, qui
passait pour son jeune frère, jusqu'aux environs

de la petite ville qu'habitait la tante de mademoiselle de ***.

Le costume de chasseur le sauvait des explications à donner sur le soin qu'il prenait d'éviter les routes frayées et les villages. D'ailleurs, la connivence des paysans royalistes et religieux de ces montagnes les avait accoutumés à respecter le secret de ces fuites et de ces travestissements fréquents dans le pays.

Cependant, avant d'entrer dans la petite ville de ***, où la surveillance devait être plus éveillée, il crut devoir prévenir la tante de mademoiselle de *** de l'approche de sa jeune parente, et lui demander sous quel nom, sous quelle apparence et à quelle heure il devait l'introduire dans sa maison.

Il envoya à la ville un enfant chargé d'un billet pour cette dame. Après quelques heures d'attente, pendant lesquelles sa jeune compagne n'avait cessé de pleurer à l'idée d'une séparation si prochaine, il vit revenir l'enfant avec le billet. La tante elle-même venait d'être arrêtée, conduite par les gendarmes à Nîmes. La maison était scellée; ce seul asile de la pauvre enfant se fermait au terme du voyage devant ses pas. Ce coup frappa plus qu'il n'affligea au fond de l'âme les deux fugitifs. La pensée d'une séparation prochaine et éternelle les consternait plus qu'ils n'osaient se l'avouer à eux-mêmes. La fatalité les réunissait. Tout en l'accusant, ils ne pouvaient s'empêcher de l'adorer.

XIX

Ils délibérèrent un moment sur le parti qu'ils avaient à prendre. Ils s'arrêtèrent naturellement, et sans se concerter, sur celui qui les séparerait le plus tard possible. Le jeune proscrit ne pouvait pas reparaître dans la maison du curé de Bussières sans être arrêté à l'instant et sans perdre son bienfaiteur; la jeune fille n'avait plus un seul asile chez les parents de son père dans le Forez qui ne fût fermé par la terreur et dont les habitants ne fussent eux-mêmes proscrits. Ils résolurent de se rapprocher du château de ***, et de demander asile dans les montagnes voisines aux chaumières de quelques paysans hospitaliers attachés à leur ancien seigneur.

Ils revinrent à lentes journées sur leurs pas. Ils frappèrent de nuit à la porte d'une pauvre femme, veuve d'un sabotier, qui avait été la nourrice de la jeune fille, et dont la tendresse, la reconnaissance et le dévouement garantissaient la fidélité. La chaumière isolée, assise sur un des derniers plateaux des plus hautes montagnes dans une clairière au milieu des bois de hêtres, était inaccessible à toute autre visite qu'à celle des bûcherons ou des chasseurs des hameaux voisins. Petite, basse, encaissée dans un pli de ravin, couverte en chaume verdi de mousse, qui descendait presque jusqu'au sol et dont la couleur se confondait avec celle des steppes, on la distinguait à peine d'en bas des rochers gris auxquels le pauvre sabotier l'avait adossée. Une petite colonne de fumée bleuâtre qu'on voyait s'élever le matin et le soir parmi les troncs blancs des hêtres indiquait seule une habitation humaine, ou le feu de bois vert sous la cabane nomade du charbonnier.

XX

Cette hutte ne contenait dans ses murailles salies par la pluie et bâties en pierres angulaires de granit sombre et d'ardoise noire, qu'une petite chambre où couchaient la pauvre femme et ses enfants. Le foyer de genêt y fumait sur une large pierre brute. A côté, une étable un peu plus longue que la chambre, séparée du toit par un plancher à claire-voie en branches tressées pour serrer l'herbe et la paille de l'hiver. Une ânesse, deux chèvres et quelques brebis y rentraient le soir du pâturage sous la garde des petits enfants.

La nourrice, instruite depuis longtemps de la catastrophe du château, de l'emprisonnement du comte et de la disparition de la jeune demoiselle qu'elle avait tant aimée, fondit en larmes en la reconnaissant sous le costume de chasseur. Elle lui donna son lit dans la chambre unique, s'arrangea pour elle-même une couche de genêts aux pieds de sa maitresse, porta les lits des petits enfants dans l'étable chaude de l'haleine du troupeau, et donna à l'étranger quelques toisons de

laine non encore filées pour se garantir du froid
dans le fenil.

Ces soins pris, elle partit avant le jour pour
aller acheter, dans le bourg le plus éloigné de la
montagne, du pain blanc, du vin, du fromage et
des poules pour la nourriture de ses hôtes. Elle
prit la précaution d'acheter ces provisions dans
plusieurs villages, de peur d'éveiller des soupçons
par une dépense disproportionnée à ses habitudes
et à sa pauvreté. Avant midi, elle avait gravi de
nouveau sa montagne, déposé ses besaces sur le
plancher, étalé sur la nappe le repas des étrangers.

La nourrice avait défendu à ses enfants de s'é-
loigner à une certaine distance de la chaumière et
de parler aux bergers des deux chasseurs qui apportaient l'aisance, la joie et la bénédiction de
Dieu dans la maison. Les enfants, fiers de savoir
et de garder un mystère, lui obéirent fidèlement.
Nul ne se douta dans la contrée que la pauvre
maison du sabotier, ensevelie l'été dans les
feuilles, l'hiver dans les brouillards et dans les
neiges, renfermait un monde intérieur de bonheur,
d'amour et de fidélité. Si je raconte ainsi cette
chaumière, c'est que je l'ai vue, à une autre époque de ma vie, dans un voyage que je fis dans le
Midi.

Nul ne peut inventer ni décrire ce qui se passa
dans le cœur de cette jeune fille et de ce jeune
homme ainsi rapprochés par la solitude, par la
nécessité et par l'attrait mutuel pendant toute
une longue année de terreur au dehors, année

trop courte peut-être d'entretiens, de confidences
et de mutuel attachement au dedans. Il n'en trans-
pira rien plus loin que les murs de l'étroite chaumière, les lilas du jardin, le lit du torrent, les
hêtres de la forêt. La vie des deux jeunes reclus
ne se répandit jamais au delà. Ils ne sortaient
ensemble qu'à la nuit, leur fusil chargé sous le
bras, pour aller, en évitant toujours les sentiers
battus, exercer leurs membres fatigués de repos
dans de longues courses nocturnes, respirer librement l'air parfumé des senteurs des genêts,
cueillir les fleurs alpestres à la lueur de la lune
d'été, ou s'asseoir l'un à côté de l'autre sur les
gradins mousseux d'un rocher concave d'où le
regard plongeait sur la vallée de ***, sur le château désert d'où ne sortait plus ni lumière, ni
fumée, et sur le vaste horizon bleu semblable
à la mer qui s'étendait de là par-dessus le bassin
du Rhône jusqu'aux neiges des Alpes d'Italie.

XXI

Qui peut les accuser sans accuser plutôt leur
destinée? Qui peut dire à quelle limite indécise
entre le respect et l'adoration, entre la confiance
et l'abandon, entre l'entraînement et la faiblesse,
entre la vertu et l'amour, s'arrêta, dans ces re-
cueillements forcés, le sentiment de ces deux enfants l'un pour l'autre? Il y faudrait l'œil de Dieu
lui-même. Celui des hommes se trouble, s'éblouit
et s'humecte devant le mystère d'une telle situa-
tion! S'il y eut faute, il ne peut la voir qu'à tra-

vers des larmes, et en condamnant il lave et il
absout. Le monde fermé, le ciel ouvert, la pres-
sion de la proscription pesant sur leurs cœurs et
les refoulant malgré eux l'un contre l'autre, les
âges semblables, les costumes pareils, les impressions communes, l'innocence ou l'ignorance égale
du danger, la différence des conditions oubliée
ou effacée dans cet isolement complet, l'incertitude si la société avec ses convenances et ses
rangs se rouvrirait jamais pour eux, la hâte de
savourer la liberté menacée à toute heure dont
ils jouissaient comme d'un bien dérobé, la briè-
veté de la vie dans un temps où nul n'avait de
lendemain, ces ténèbres de la nuit qui rendent
tout plus intime; ces lueurs de la lune et des
étoiles qui enivrent les yeux et qui égarent le
cœur; le resserrement de leur captivité dans la
maison de la nourrice, qui ne laissait aucune diversion possible à leurs pensées, aucune inter-
ruption à leurs entretiens; enfin ce point élevé,
étroit et comme inaccessible de l'espace, devenu
pour eux l'univers tout entier, et qui leur paraissait une île aérienne suspendue au-dessus de cette
terre qu'ils voyaient de loin sous leurs pieds, au-
dessous de ce ciel qu'ils voyaient de si près sur
leurs têtes : tout concourait à les précipiter, à les
enserrer dans une étreinte morale par tous les
liens de leur âme; à leur faire chercher unique-
ment dans le cœur l'un de l'autre cette vie qui
s'était rétrécie et comme anéantie autour d'eux.
Vie doublée ainsi au moment où ils étaient mena-

cés de la perdre, qui n'avait que la solitude pour
scène et que la contemplation pour aliment.

XXII

Furent-ils assez prudents pour prévoir si jeunes
les dangers de ces éternelles séductions de leur
solitude? Furent-ils assez forts pour y résister en
les éprouvant? S'aimèrent-ils comme un frère et
comme une sœur? Se promirent-ils de plus ten-
dres noms? Qui peut le dire? Je les ai connus in-
timement tous les deux. Ni l'un ni l'autre n'a-
vouèrent jamais rien sur cette année aventureuse.
Seulement, quand ils se rencontraient de longues
années après, ils évitaient de se regarder devant
le monde. Une ombre subite mêlée de rougeur et
de pâleur se répandait sur leur visage, comme si
le fantôme du temps, invisible pour nous, eût
passé devant eux en leur jetant ses reflets magiques. Etait-ce tendresse mal éteinte? passion ral-
lumée par un souffle sous la cendre? indifférence
agitée de souvenir? regrets ou remords? qui peut
lire dans deux cœurs fermés des caractères effa-
cés par des torrents de larmes, et qui ne revivent
que sous l'œil de Dieu?

XXIII

Plus d'une année se passa ainsi. Puis la terreur
s'adoucit dans la contrée. Les prisons se rouvri-
rent. Le vieux comte rentra dans son château dé-
labré avec ses trois filles. La nourrice vint rame-

ner la plus jeune dans les bras de son père. L'étranger quitta le dernier ces montagnes.

Il revint triste et mûri de vingt ans en quelques mois dans le presbytère de Bussières. Il menait de plus en plus la vie d'un chasseur avec mon père et les gentilshommes du pays. Seulement il s'absentait quelquefois plusieurs jours pour des courses lointaines dont on ne savait pas le but. Il disait à son retour que ses chiens l'avaient entraîné sur les traces des chevreuils, et qu'il avait été obligé de les suivre pour les ramener. Rien ne paraissait changé non plus, disait-on, au château de ***, dans l'autre province, si ce n'est que l'hôte disparu n'y venait plus comme autrefois. On continuait à y mener la même vie de chasse, de festins et d'hospitalité banale qu'on y avait menée pendant la révolution.

XXIV

Quant à la pauvre nourrice, elle habitait toujours la chaumière isolée dans la montagne. Elle élevait un orphelin avec ses propres enfants. Cet enfant avait du linge un peu plus fin que le linge de chanvre de ces montagnes. On lui voyait entre les mains des jouets qui paraissaient avoir été achetés à la ville. Quand on demandait à la pauvre femme pourquoi cette différence et à qui appartenait cet orphelin, elle répondait qu'elle l'avait trouvé un matin, sous le bois de hêtres, au bord de la source, en allant puiser l'eau du jour, et qu'un colporteur de ces montagnes lui apportait

de temps en temps du linge blanc et des jouets
d'ivoire et de corail. Cette charité l'avait enrichie.
J'ai connu cet orphelin. Enfant de la proscription,
il en avait la tristesse dans l'âme et sur les
traits.

Cinq ou six ans après, la dernière des filles du
comte fut mariée à un vieillard, le plus doux, le
plus indulgent des pères pour la jeune fille. Elle
se consacra à ses jours avancés. Il l'emmena pour
toujours dans une petite ville du Midi, qu'il habitait. Son jeune compagnon d'exil, qui avait hé-
sité jusque-là entre le monde et l'Église, sentit
finir tout à coup ses irrésolutions en apprenant
le mariage de la jeune fille. Il ne vit plus rien
dans la vie à regretter. Il y renonça sans peine.
Il entra dans un séminaire sans regarder derrière
lui. Puis il alla se renfermer quelque temps chez
l'évêque de Mâcon, son ancien patron, sorti alors
des cachots, et achevant sa vie pauvre et infirme
dans la maison d'un de ses fidèles serviteurs, à
quelques pas de son ancien palais épiscopal. L'é-
vêque lui donna les ordres sacrés. Il revint exercer les modestes fonctions de vicaire à Bussières.
Il les avait continuées, comme je l'ai dit, jusqu'à
la mort du vieux curé, auquel il avait succédé.

XXV

Tel était le fond caché de la vie de cet homme
que le hasard semblait avoir placé à côté de ma
propre vie comme une consonnance triste et tendre au désenchantement précoce de ma jeunesse.

Un sourire amer et résigné sur un abîme de sensibilité souffrante, de souvenirs cuisants, de fau-
tes chères, d'amour mal éteint et de larmes con-
tenues. C'est la transparence de toutes ces choses
dans son attitude, dans sa physionomie, dans son
silence et dans son accent, qui m'attachait sans
doute si naturellement à lui. Heureux et sage, je
ne l'aurais pas tant aimé. Il y a de la pitié dans
nos amitiés. Le malheur est un attrait pour certaines âmes. Le ciment de nos cœurs est pétri de
larmes, et presque toutes nos affections profondes
commencent par un attendrissement.

XXVI

Ainsi se passa pour moi cet été de solitude et de
sécheresse d'âme. La compression de ma vie morale dans cette aridité et dans cet isolement, l'in-
tensité de ma pensée creusant sans cesse en moi
le vide de mon existence, les palpitations de mon
cœur brûlant sans aliment réel et se révoltant
contre les dures privations d'air, de lumière et
d'amour dont j'étais altéré, finirent par me mu-
tiler, par me consumer jusque dans mon corps,
et par me donner des langueurs, des spasmes, des
abattements, des dégoûts de vivre, des envies de
mourir que je pris pour des maladies du corps,
et qui n'étaient que la maladie de mon âme.

Le médecin de la famille, qui arrêtait quelquefois son cheval à ma porte en parcourant les villages, en fut alarmé. Il était bon, sensible, intel-
ligent. Il s'appelait Pascal. Il m'aimait comme

une plante qu'il avait soignée dans sa belle enfance. Il m'ordonna d'aller aux bains d'Aix en
Savoie, bien que la saison des bains fût déjà pas-
sée, et que le mois d'octobre eût donné aux vallées leurs premiers brouillards, et à l'air ses premiers frissons. Mais ce qu'il voulait pour moi de
son ordonnance, c'était moins les bains que la
diversion, la secousse morale, le déplacement.
Hélas! il ne fut que trop inspiré et trop obéi!

J'empruntai vingt-cinq louis d'un vieil ami de
mon père, pauvre et aimable vieillard nommé
M. Blondel, qui aimait la jeunesse parce qu'il
avait lui-même la bonté, cette éternelle séve, cette
inépuisable jeunesse du cœur. Je mis mon cheval
en liberté avec les bœufs qu'on engraisse dans les
prés de Saint-Point, et je partis. Je partis sans
aucun de ces vagues empressements, de ces aspi-
rations, de ces joies que j'avais éprouvés en partant pour d'autres excursions, mais morne, silencieux, emportant avec moi ma solitude volontaire,
et comme avec le pressentiment que je devais
laisser quelque chose de moi dans ce voyage, et
qu'au retour je ne rapporterais pas mon cœur.

Voici des lignes que j'écrivais à cette époque, lignes retrouvées sur les marges d'un Tacite :

XXVII

(Ecrit en route sous un arbre, dans la vallée des Echelles,
à Chambéry.)

J'entre aujourd'hui dans ma vingt et uniéme année, et je suis fatigué comme si j'en avais vécu
cent. Je ne croyais pas que ce fût une chose si
difficile que de vivre. Voyons! pourquoi est-ce si
difficile? Un morceau de pain, une goutte d'eau de
cette source, y suffisent. Mes organes sont sains.
Mes membres sont lestes. Je respire librement un
air embaumé de vie végétale. J'ai un ciel éblouis-
sant sur ma tête; une décoration naturelle, sublime, devant les yeux; ce torrent tout écumant
de la joie de courir à ma gauche; cette cascade
toute glorieuse d'entraîner ses arcs-en-ciel dans
sa chute; ces rochers qui trempent leurs mousses
et leurs fleurs dans la salutaire humidité des eaux,
comme ces bouquets qui ne se flétrissent pas dans
le vase; là-haut, ces chalets suspendus aux corni-
ches de la montagne comme des hirondelles au
rebord du toit céleste; ces troupeaux qui paissent
dans l'herbe grasse qui les noie jusqu'aux jarrets;
ces bergers assis sur les caps avancés de la vallée
qui regardent immobiles couler le torrent et le
jour; ces paysans et ces jeunes filles qui passent
sur la route en habits de fête et qui, aux sons de
la cloche lointaine, pressent un peu le pas pour
arriver à temps à la porte de la maison de prière:
tout cela n'est-il pas image de contentement et de

vie? Ces physionomies ont-elles le pli pensif et la concentration de la mienne? Non. Elles répandent un jour sans ombre sur leurs traits. On voit jusqu'au fond et on ne voit que des âmes limpides. Si je regardais au fond de moi-même, il me faudrait des heures entières pour démêler tout ce qui s'agite en moi.....

Et cependant je n'ai plus aucune passion ici-bas; mais le cœur n'est jamais si lourd que quand il est vide. Pourquoi? C'est qu'il se remplit d'ennuis. Oh! oui, j'ai une passion, la plus terrible, la plus pesante, la plus rongeuse de toutes... l'ennui!

J'ai été un insensé. J'ai rencontré le bonheur et je ne l'ai pas reconnu! ou plutôt je ne l'ai reconnu qu'après qu'il était hors de portée! Je n'en ai pas voulu. Je l'ai méprisé. La mort l'a pris pour elle. O Graziella! Graziella!... pourquoi t'ai-je abandonnée?... Les seuls jours délicieux de ma vie sont ceux que j'ai vécu près de toi, dans la pauvre maison de ton père, avec ton jeune frère et ta vieille grand'mère, comme un enfant de la famille! Pourquoi n'y suis-je pas resté? Pourquoi n'ai-je pas compris d'abord que tu m'aimais? Et, quand je t'ai comprise, pourquoi ne t'ai-je pas aimée assez moi-même pour te préférer à tout, pour ne plus rougir de toi, pour me faire pêcheur avec ton père, et pour oublier, dans cette simple vie et dans tes bras, mon nom, mon pays, mon éducation, et tout le vêtement de chaînes dont on a habillé mon âme, et qui l'entrave à chaque pas quand elle veut rentrer dans la nature?

A présent, c'est trop tard!... Tu n'as plus rien à me donner qu'un éternel remords de t'avoir quittée!... et moi rien à te donner que ces larmes qui me remontent aux yeux quand je pense à toi, larmes dont je cache la source et l'objet, de peur qu'on ne dise : « Il pleure la fille d'un pauvre vendeur de poisson, qui ne portait pas même de souliers tous les jours, qui séchait les figues de son île sur des claies d'osier, au soleil, sans autre coiffure que ses cheveux, et qui gagnait son pain en frottant le corail contre la meule, à deux grains par jour!... Quelle amante pour un jeune homme qui a traduit Tibulle et qui a lu Dorat et Parny!...»

Vanité! vanité! tu perds les cœurs! tu renverses la nature. Il n'y a pas assez de blasphèmes sur mes lèvres contre toi !...

Mon bonheur, pourtant, mon amour était là. Oh! si un soupir plus triste que le gémissement des eaux dans cet abîme, plus ardent que ce rayon répercuté vers le ciel par ce rocher rouge de feu, pouvait te ranimer !... J'irais, je laverais tes beaux pieds nus de mes larmes... tu me pardonnerais... Je serais fier de mon abaissement pour toi aux yeux du monde !...

Je te revois comme si trois ans d'oubli et l'épaisseur du cercueil et du gazon de ta tombe n'étaient pas entre nous!... Tu es là ! une robe grise de grosse laine, mêlée de rudes poils de chèvre, serre ta taille d'enfant et tombe à plis lourds jusqu'à la cheville arrondie de tes jambes nues. Elle est nouée autour de ta poitrine par un simple cordon de fil

noir. Tes cheveux noués derrière la tête sont en-
trelacés de deux ou trois œillets, fleurs rouges
flétries de la veille. Tu es assise sur la terrasse
pavée en ciment au bord de la mer où sèche le
linge, où couvent les poules, où rampe le lézard,
entre deux ou trois pots de réséda et de romarin.
La poussière rouge du corail que tu as poli hier
jonche le seuil de ta porte à côté de la mienne.
Une petite table boiteuse est devant toi. Je suis
debout derrière. Je te tiens la main pour guider
tes doigts sur le papier et pour t'apprendre à former tes lettres. Tu t'appliques avec une conten-
tion d'esprit et une charmante gaucherie d'attitude qui couchent ta joue presque sur la table.
Puis tout à coup tu te mets à pleurer d'impatience et de honte, en voyant que la lettre que tu
as copiée est si loin du modèle. Je te gronde, je
t'encourage. Tu reprends la plume. Cette fois c'est
mieux. Tu retournes ton visage rougi de joie de
mon côté, comme pour chercher ta récompense
dans un regard de satisfaction de ton maître ! Je
roule négligemment une tresse de tes noirs cheveux sur mon doigt, comme un anneau vivant :
des cheveux du lierre qui tient encore à la branche ! Tu me dis : « Es-tu content ? pourrai-je bientôt écrire ton nom ? » Et, la leçon finie, tu te remets à l'ouvrage, sur ton établi, à l'ombre. Moi,
je me remets à lire à tes pieds. — Et les soirées
d'hiver, quand la lueur vive et rose des noyaux
d'olive allumés dans le brasier que tu soufflais se
réverbérait sur ton cou et sur ton visage, et te

faisait ressembler à la Fornarina! Et dans les
beaux jours de Procida, quand tu t'avançais les
jambes nues dans l'écume pour ramasser les fruits
de mer! Et quand tu rêvais, la joue dans ta main,
en me regardant, et que je croyais que tu pensais
à la mort de ta mère, tant ton visage devenait
triste!... et la nuit où je te quittai morte et blanche sur ton lit comme une statue de marbre, et
où je compris enfin qu'une pensée t'avait tuée...
et que cette pensée c'était moi!... Ah! je ne veux
plus d'autre image devant les yeux jusqu'à la
mort! il y a une tombe dans mon passé, il y a
une petite croix sur mon cœur. Je ne la laisserai
jamais arracher, mais j'y entrelacerai les plus
chastes fleurs du souvenir!. . . . .
. . . .

La note s'arrête là. Le reste du livre contient
des ébauches de vers et des comptes d'auberge
sur la route de Chambéry.

XXVIII

Au moment où j'écrivais ces tristes lignes, sur
mon genou, au bord de la route, une calèche de
poste a passé au galop, venant de France. Il y avait
dans la voiture trois jeunes gens et une jeune
femme. Ils m'ont regardé avec un regard de surprise et d'ironie : « Oh! voyez donc, s'est écriée
la jeune femme en souriant, voilà sans doute le
poëte de cette nature! Oh! le beau poëte, s'il n'é-
tait pas si poudreux! » Monde odieux! tu me
poursuivras donc partout avec tes visions légères?

Je me suis déplacé pour ne pas être en vue. J'ai
été m'asseoir plus loin du bord de la route, sous
une touffe de buis d'où je ne voyais plus la cascade, mais d'où je l'entendais, et j'ai continué à
écrire.

Je ne me sens un peu de rosée dans le cœur
que quand je suis bien seul avec la nature. Tout
ce qui traverse seulement cette solitude trouble
ou interrompt cet entretien muet entre le génie
de la solitude, qui est Dieu, et moi. La langue que
parle la nature à mon âme est une langue à voix
basse. Le moindre bruit empêche d'entendre.
Dans ce sanctuaire où l'on se recueille pour rêver,
méditer, prier, on n'aime pas à entendre derrière
soi un pas étranger. J'étais dans une de ces heures
de mélancolie fréquentes alors, rares aujourd'hui,
pendant lesquelles j'écoutais battre mon propre
cœur, où je collais l'oreille à terre pour entendre sous le sol, dans les bois, dans les eaux, dans
les feuilles, dans le vol des nuées, dans la rota-
tion lointaine des astres, les murmures de la création, les rouages de l'œuvre infinie, et, pour ainsi
dire, les bruits de Dieu.

XXIX

Je me réfugiai donc avec une certaine colère
intérieure contre ces éclats de rire importuns,
hors de consonnance, qui m'avaient distrait. Je
m'enfouis derrière un gros rocher détaché de la
montagne et près de la gouttière immense et ruis-
selante par où le torrent pleuvait perpendiculai-

rement dans la vallée. Son bruit monotone m'assourdissait; sa poudre, en rejaillissant, formait sur mon lit de gazon un brouillard transpercé de soleil qui s'agitait sans cesse comme les plis de gaze d'un rideau roulé et déroulé par le vent. Je repris ma conversation intérieure. Je m'abîmai dans ma tristesse. Je revins sur tous mes pas dans ma courte vie. Je me demandai si c'était la peine d'avoir vécu, et s'il ne vaudrait pas mieux être une des gouttes lumineuses de cette poussière humide évaporée en une seconde à ce soleil, et se perdant sans sentiment dans l'éther, qu'une âme d'homme se sentant vivre, languir, souffrir et mourir pendant des années et des années, et finissant par s'évaporer de même dans je ne sais quel océan de l'être, qui doit être plein de gémissements s'il recueille toutes les douleurs de la terre et toutes les agonies de l'être sentant.

« Je n'ai fait que quelques pas, me disais-je, et j'en ai assez! Mon activité d'esprit se dévore elle-même faute d'aliment. Je sens en moi assez de force pour soulever ces montagnes, et ma destinée ne me donne pas une paille à soulever Le travail me distrairait, et je n'ai rien à faire! Toutes les portes de la vie se ferment devant moi. Il semble que mon sort soit d'être un exilé de la vie active, vivant sur la terre des autres, et n'étant chez soi nulle part que dans le désert et dans la contemplation! »

A défaut de mes forces intellectuelles appliquées à quelque emploi utile et glorieux de ma

vie, j'aurais voulu du moins employer la puissance
d'attachement et d'amour qui me serre le cœur
jusqu'à l'étouffer, faute de pouvoir serrer un
autre être contre ce cœur. Cela même m'est enlevé. Je suis seul dans le monde des sentiments
comme dans le monde de l'intelligence et de l'action. Quand j'ai rencontré Graziella, il était trop
tôt : mon cœur était trop vert pour aimer. Plus
tard, les cœurs des femmes que j'ai entrevues
étaient des vases dont les parfums naturels s'é-
taient évaporés, et qui n'étaient plus remplis que
des vanités, des légèretés ou des voluptés, des
faussetés de l'amour du monde, cette lie de l'âme
dont j'ai été bien vite dégoûté. Maintenant personne ne m'aime, et je n'aime personne ; je suis
sur la terre comme si je n'y étais pas ; ce rocher
s'écroulerait sur moi, cette langue fulminante
d'eau m'emporterait avec elle et me pulvériserait
au fond de ce gouffre, que personne, excepté ma
mère, ne s'apercevrait qu'un être manque à son
cœur. Eh quoi ! poursuivais-je intérieurement,
n'y a-t-il donc pas sur la terre une seconde Graziella, dans quelque rang qu'elle soit née? N'y
a-t-il pas une âme jeune, pure, aimante, dans laquelle la mienne se fondrait, et qui se perdrait
dans la mienne, et qui compléterait en moi,
comme je compléterais en elle, cet être imparfait,
errant et gémissant tant qu'il est seul, fixé, con-
solé, heureux dès qu'il a échangé son cœur vide
contre un autre cœur?

Et je sentais si douloureusement l'ennui de

cette solitude de l'âme, ce désert de l'indifférence,
cette sécheresse de la vie, que j'aurais voulu
mourir tout de suite pour retrouver l'ombre de
Graziella, puisque je ne pouvais retrouver sa ressemblance dans aucune des femmes étourdies, légères, évaporées que j'avais rencontrées depuis.

XXX

Pendant que, le front dans mes mains, je me
noyais ainsi dans ce deuil de ma propre sensibilité sans objet, je fus distrait de ma rêverie par
l'harmonieux grincement de cordes d'un de ces
instruments champêtres que les jeunes Savoyards
fabriquent dans les soirées d'hiver de leurs montagnes, et qu'ils emportent avec eux dans leurs
longs exils en France et en Piémont pour se rappeler, par quelques airs rustiques, par quelques
ranz des vaches, les images de leur pauvre patrie.
Ils appellent ces instruments des *vielles*, parce
qu'ils jasent plus qu'ils ne chantent, et que les
refrains s'en prolongent en s'affaiblissant, en dé-
tonnant, et chevrotent comme les voix des femmes âgées dans les veillées de village.

Je me tournai du côté d'où partaient ces sons
très-rapprochés. Je vis, sans pouvoir être vu, à
quelques pas de moi, un groupe qui n'est jamais
depuis sorti de ma mémoire, dont j'ai reproduit
depuis une partie dans le poëme de *Jocelyn*, et
que le pinceau de Greuze aurait pris pour sujet
d'un de ses plus naïfs et de ses plus touchants ta-
leaux.

XXXI

Sur un morceau de pelouse abrité de la route
et de la cascade, entre deux rochers que surmon-
taient deux ou trois aunes, un enfant de douze à
treize ans, un jeune homme de vingt ans, une
jeune fille de dix-huit ans étaient assis au soleil.
L'enfant jouait avec un petit chien blanc des
montagnes, au poil long, aux oreilles droites et
triangulaires, chiens qui dénichent les marmottes
dans la neige des Alpes. Il s'amusait à lui passer
au cou et à lui reprendre tour à tour son collier
de cuir, dont il faisait sonner les grelots en éle-
vant le collier d'une main, pendant que le chien
se dressait sur ses pattes de derrière pour rattraper son ornement.

Le jeune homme était vêtu d'une longue veste
neuve de gros drap blanc à long poil. Il avait de
hautes guêtres de même étoffe qui montaient
jusqu'au-dessus du genou, et qui dessinaient les
muscles des jambes. Ses souliers étaient neufs
aussi et montraient sous la semelle de gros clous
luisants à têtes de diamant, dont la marche n'a-
vait pas encore usé les cônes. Un long bâton ferré
reposait entre ses jambes ; il le tenait entre ses
mains et s'appuyait le menton sur la boule du
bâton, qui paraissait d'ivoire ou de corne. Un sac,
garni de deux courroies de cuir blanc pour y passer les bras et se replier sous l'aisselle, était jeté
à terre à quelques pas de lui. Sa figure était
belle, pensive, calme, un peu triste comme ces

belles physionomies de bœufs ruminants qu'on
voit couchés dans les gras herbages du Jura, autour des chalets. Deux longues mèches de cheveux d'un blond jaunâtre, coupés carrément à
l'extrémité, lui tombaient le long des joues, des
deux côtés du visage. Il regardait le fer de son
bâton, et semblait absorbé dans une pensée
muette.

XXXII

La jeune fille était grande, svelte, élancée,
d'une stature un peu moins forte que celle des
femmes de cet âge parmi les paysannes des plaines. Il y avait dans le cou, dans le port de sa tête,
dans l'attache des bras aux épaules, dans le léger
renflement de la poitrine, où les seins se dessinaient à peine, et très-bas, comme dans les torses
grecs des femmes de Sparte, quelque chose de
dispos, de fier, de sauvage, qui rappelait l'élasti-
cité et la souplesse du cou et de la tête du cha-
mois. Sa robe de grosse laine verte, ornée d'un
galon de fil noir, ne descendait qu'à mi-jambe.
Elle était chaussée d'un bas bleu. Ses souliers
emboîtaient à peine l'extrémité des doigts. Ils
étaient recouverts, sur le cou-de-pied, d'une large
boucle d'acier. Elle avait un fichu rouge qui tom-
bait triangulairement entre les épaules, et qui se
croisait sur le sein. Une chaîne d'or autour du
cou. Une coiffe noire entourée d'une large den-
telle plate qui retombait comme des feuilles fa-
nées sur son front et encadrait le visage. Ses yeux

étaient du plus beau bleu de l'eau des cascades,
ses traits, peu prononcés, mais doux, fiers, at-
trayants; son teint, aussi blanc et aussi rose que
celui des femmes que l'on élève à l'ombre dans
les salons de nos villes ou dans les sérails d'Asie.
L'éternelle fraîcheur de ces montagnes, le voisinage des neiges, l'humidité des eaux, la réverbé-
ration des prés préservent ces filles des Alpes du
hâle qui bronze la peau des filles du Midi.

Celle-ci était assise, accoudée sur son bras
gauche, entre l'enfant, qui paraissait son frère
par la ressemblance, et le jeune homme, qu'on
pouvait prendre pour son fiancé ou pour son
amant. Sa main droite avait attiré à elle l'instrument de musique encore à moitié enveloppé de
son fourreau de cuir. Elle s'amusait à en tirer
quelques sons en tournant du bout du doigt la
manivelle, sans avoir l'air de les entendre et
et comme pour se distraire de ses pensées. Sa
physionomie était un mélange de résolution in-
souciante et de profonde rêverie, qui lui remon-
tait du cœur en ombre sur le visage, en humidité
dans ses beaux yeux. On voyait qu'un drame
muet se passait entre ces deux figures qui n'o-
saient se regarder de peur de pleurer, mais qui
se voyaient et qui s'entendaient en ayant l'air de
regarder et d'écouter ailleurs.

Hélas! c'était le drame éternel de la vie : la
main qui attire et la main qui repousse! l'amour
et l'obstacle, le bonheur et la séparation!..... Je
compris du premier coup d'œil que cette halte

était celle que les jeunes filles de ces montagnes font avec leurs amants partant pour leurs courses lointaines, après les avoir conduits seules à une demi-journée de leur village. . . . .

. . . .

XXXIII

..... C'est ce grincement de l'instrument rusti- que qui avait attiré mes regards et mon atten- tion.

Je voyais ce groupe sans qu'il pût me voir, caché que j'étais par une touffe de buis et par l'angle de la roche à laquelle je m'étais adossé. En levant les yeux un peu plus haut, je vis une vieille femme voûtée par l'âge, et dont le vent de la cascade fouettait autour du cou les cheveux blancs. Mère sans doute d'un des deux jeunes voyageurs, elle se tenait sans affectation à une certaine distance, comme pour ne pas troubler un dernier entretien. Elle avait l'air de chercher avec distraction, de broussaille en broussaille, les grappes roses d'*épine-vinette* qu'elle portait à sa bouche et qu'elle ramassait dans son tablier.

La jeune fille poussa bientôt du bout du pied l'instrument de musique, et posant ses deux mains sur l'herbe, le visage tourné vers le jeune homme, ils se parlèrent à demi-voix en se regar- dant tristement pendant un quart d'heure. Je ne pouvais entendre les paroles ; mais je voyais à l'expression des lèvres et des yeux que les cœurs se fondaient et que les larmes étaient sur

les bords des pensées. Ils avaient l'air de se faire
des adieux, des recommandations et des serments; ils ne s'apercevaient pas que le jour
baissait.

Tout à coup l'enfant, qui s'était mis à danser à
quelques pas de là, avec le chien, sur un petit
tertre vert, en redescendit en bondissant, et, in-
terrompant leur entrètien : « Frère, dit-il, tu
« m'as dit de t'avertir quand le soleil serait sur
« la montagne: le voilà tout rouge entre les têtes
« des sapins. »

A ces mots, le jeune homme et la jeune fille
se levèrent sans répondre; ils rappelèrent la
vieille femme, elle se rapprocha; l'enfant remit
le collier au petit chien, qui se rangea dans les
jambes de son maître. Le groupe se réunit et se
pressa; le jeune homme embrassa d'abord la
mère, puis l'enfant; enfin la jeune fille et lui se
serrèrent longtemps dans les bras l'un de l'autre
dans un étroit embrassement; ils se séparèrent,
se rapprochèrent, s'embrassèrent encore, puis
enfin s'éloignèrent sans oser se retourner, comme
s'ils eussent eu peur de ne pouvoir résister à l'é-
lan qui les aurait fait revenir sans fin sur leurs
pas. L'enfant seul resta avec le jeune voyageur et
l'accompagna à quelque distance sur la route de
France.

Cette scène muette m'avait fait oublier toutes
mes noires pensées. Ce départ était triste : mais
il supposait un retour. L'amour était au fond de
ce chagrin. L'amour suffit pour tout consoler. Il

n'y avait au fond du mien que l'ennui qui se
sent, ce néant qui souffre, cet abîme qui se
creuse de tous les sentiments qui ne le remplis-
sent pas.

XXXIV

Je me levai comme en sursaut. Je repris mon
livre, mon sac et mon bâton couché près de moi
à terre. Une curiosité machinale me fit rejoindre
la route au point et au moment précis où l'enfant,
revenant sur ses pas, allait rejoindre les deux
femmes. Elles cheminaient, sans se parler, devant
nous. Je liai conversation avec l'enfant en marchant du même côté et en mesurant mes pas sur
les siens. Je sus, après un court dialogue, que le
voyageur était le frère aîné de l'enfant; qu'il était
le fiancé de la belle fille, dont le nom était Marguerite; que la vieille femme était la mère de
Marguerite; que ces deux femmes habitaient le
premier village de la Maurienne, ainsi que son
frère et lui; qu'elles avaient voulu accompagner
le partant jusqu'au milieu de sa première journée
de marche vers la France; que le nom de ce
frère était José; qu'il s'était estropié en tombant
de la cime d'un noyer dont il cueillait les noix
pour la mère de Marguerite, un an avant l'âge de
la conscription; que ce malheur lui avait été
heureux parce qu'il l'avait dispensé de servir
comme soldat, et que la mère de la belle Marguerite enviée de tous les plus riches des hameaux
voisins, lui avait promis sa fille en récompense

de l'accident éprouvé pour son service; que Marguerite et José s'aimaient comme s'ils étaient frère et sœur; qu'ils se marieraient quand José aurait gagné assez pour acheter le petit verger qui était derrière la maison de son père; qu'il avait appris pour cela deux états conformes à son infirmité qui lui interdisait les rudes travaux du corps, l'état d'instituteur dans les villages et de ménétrier dans les fêtes et dans les noces; enfin, qu'il partait ainsi tous les automnes pour aller exercer ces deux états durant l'hiver dans les montagnes, derrière Lyon; mais qu'on croyait bien que c'était son dernier voyage, car il avait déjà rapporté trois fois une bourse de cuir bien ronde, et son départ faisait tant pleurer Marguerite, et elle était si triste pendant son absence, qu'il faudrait bien que sa mère consentît à prendre José pour toujours chez elle, au prochain printemps.

XXXV

Tout en causant ainsi, nous nous rapprochions des deux femmes. Je marchais déjà presque sur l'ombre de la belle Marguerite, que le soleil couchant prolongeait bien loin sur la route, jusqu'au bord de mes pieds. J'admirais sans parler la taille leste et la démarche cadencée de cette ravissante fille des montagnes, à laquelle la nature avait imprimé plus de noblesse et plus de grandeur que l'art n'en peut affecter dans l'attitude des femmes étudiées de nos théâtres ou de nos salons. Elle

avait cependant ôté ses bas et marchait pieds nus,
en tenant un de ses beaux souliers à boucles dans
chaque main. Elle m'entendait causer avec l'enfant, et se retournait de temps en temps pour le
rappeler. Son visage était grave, mais serein et
sans larmes. On entrevoyait l'espérance dans son
chagrin. Elle pressait le pas, sans doute pour arriver à son village avant la nuit.

Tout à coup, au sommet d'une petite montée
que gravit la route, à un quart d'heure de la cascade, un faible et lointain grincement de l'instrument montagnard se fit entendre, et se prolongea
en air mélancolique à travers les feuilles des
trembles et des frênes qui bordent à gauche le lit
du torrent de Coux.

Nous nous retournâmes tous les quatre, nous re-
gardâmes du côté d'où venait le son ; nous vîmes
bien loin, au sommet d'une des rampes qui s'éche-
lonnent contre les flancs de la montée des Echelles, le pauvre José debout, adossé contre un des
rocs de la route, son chien comme un point blanc
près de lui. Il était tourné du côté de la Savoie,
et, ayant détaché de son cou sa vielle, il en
jouait un dernier adieu aux rochers de son pays et
au cœur de sa chère Marguerite. La pauvre fille
avait laissé tomber ses souliers de ses mains ; elle
avait caché son visage dans son tablier, et elle
sanglotait au bord du chemin en écoutant ces
notes fugitives qui lui apportaient à chaque bouf-
fée de vent les souvenirs des veillées dans l'étable,
et les espérances si éloignées du futur printemps.

Aucun de nous n'avait interrompu d'un vain mot de consolation ce dialogue aérien entre deux âmes auxquelles une planche de bois et une corde de laiton servaient d'interprète, et qu'elles faisaient communiquer une dernière fois ensemble à travers la distance et le temps qui les séparaient déjà.

Quand l'air fut fini et eut plongé son refrain mourant dans les dernières vibrations de l'atmosphère sonore du soir, Marguerite écouta encore un moment, regarda José, le vit disparaître peu à peu dans le creux de la descente, et se remit à marcher, les mains jointes sur son tablier. Dans sa distraction, elle avait oublié ses souliers sur la route. Je les ramassai, je m'avançai vers elle, et je les lui présentai sans rien dire. Elle me remercia d'un léger sourire, et je l'entendis un moment après qui disait à sa mère : « Ce jeune homme est « *humain*, regardez, il a l'air aussi triste que nous. »

Nous marchâmes en silence tous les quatre ensemble un certain espace de chemin. Quand nous fûmes à un carrefour où la route se bifurque, l'une continuant vers Chambéry, l'autre prenant à droite pour se diriger sous les montagnes, vers la sombre vallée de Maurienne, je dis adieu au petit garçon, les femmes me firent un salut de la tête, et nous allâmes chacun de notre côté, eux en causant, moi en rêvant.

Cette scène m'avait frappé comme une vision de félicité et d'amour, au milieu de la sécheresse et de l'isolement de mon cœur. Marguerite m'avait rappelé Graziella. Graziella n'était plus qu'un

songe évanoui. Mais ce songe me rendait la réalité de ma solitude de cœur plus insupportable.
J'aurais donné mille fois mon nom et mon éducation pour être José. Je sentis que je touchais à
une grande crise de ma vie, qu'elle ne pouvait
plus continuer ainsi, et qu'il fallait ou m'attacher
ou mourir. Je descendis, à la nuit tombante, en-
seveli dans ces pensées et dans ces images, le
long et sombre faubourg de Chambéry.

Je noterai plus tard comment le hasard me fit
retrouver peu de temps après Marguerite, comment elle fut serviable pour moi à son tour, et
comment elle fut associée par aventure à un des
plus douloureux déchirements de ma vie de cœur.

Voyez Raphaël.

FIN.

PARIS. — IMP. SIMON RAÇON ET Cⁱᵉ, RUE D'ERFURTH, 1.

www.ingramcontent.com/pod-product-compliance
Lightning Source LLC
Chambersburg PA
CBHW052346090426
42739CB00011B/2337